KB215345

내 이제 보고 듣고
받아지니니

유마와 수자타의 대화 3

내 이제 보고 듣고 받아지니니

글 | 김일수
펴낸이 | 김인현
펴낸곳 | 도서출판 도피안사

2008년 7월 15일 1판 1쇄 인쇄
2008년 7월 20일 1판 1쇄 발행

책임편집 | 이상옥
관리 | 혜관 박성근
인쇄 및 제본 | 금강인쇄(주)

등록 | 2000년 8월 19일(제19-52호)
주소 | 경기도 안성시 죽산면 용설리 1178-1
전화 | 031-676-8700
팩시밀리 | 031-676-8704
E-mail | dopiansa · kornet.net

© 2008, 김일수

ISBN 978-89-90223-39-5 04220
        89-90223-07-5 (세트)

眞理生命은 깨달음[自覺覺他]에 의해서만 그 모습[覺行圓滿]이 드러나므로
도서출판 도피안사는 '독서는 깨달음을 얻는 또 하나의 길'이라는 믿음으로 책을 펴냅니다.

내 이제
보고 듣고
받아지니니

글 김일수 | 사진 김재일

DOPIANSA
도피안사

오로지 진리를 찾아서

미산현광彌山賢光 | 중앙승가대학교 포교사회학과 교수, 상도선원 선원장

1

청심향을 사룬 것처럼 청량합니다. 요즘도 이처럼 순수하고 진지하게 종교적 진리에 대한 성찰과 고민을 하는 분이 계셨음이 놀랍고 신선합니다. 희유한 일이기까지 합니다. 만약 평소 고故 김일수(ID : 유마) 님이 진리추구에 대한 진지한 태도가 없었다면, 불교의 『대승기신론』을 대하는 순간 그토록 번뜩이는 종교적 예지와 회심回心이 과연 가능했을까요. 종교를 삶의 장식쯤으로 생각하는 사람에겐 도저히 불가능한 일이었겠지요. 진리에 대한 진지한 탐구심과 열렬한 구도심, 그리고 자신이 믿는 종교의 진리성을 철저하게 검증하는 탁월하게 열린 마음, 또 진리를 얻기 위해서는 신명身命도 바칠 수 있다는 위법망구爲法忘軀의 결연한 마음가짐, 이렇게 골고루 잘 갖추지 않고는 도저히 있을 수 없는 불가능한 일일 것입니다.

2

종교도 문화입니다. 문화는 사상이고, 사상은 정제된 생각이며, 생각은 마음 씀(用心)입니다. 결국 종교의 근본은 자신의 마음이라는 거죠. 그러므로 이 마음을 제대로 알지 못하고는 그 어떤 가르침도 자신에게 온전한 진리일 수 없습니다.

여기 진리의 근원인 마음을 찾아 헤맸던 한 인간의 행로行路가 있습니다. 바로 유마님의 행로입니다. 그러나 이 행로는 유마님만의 행로가 아니라 어쩌면 현대인 모두의 행로일 것입니다. 왜냐하면 사람은 본래부터 진리적인 존재이기에 진리를 찾거나 떠나온 진리로 되돌아가는 것은 개개인인에게 본자구족本自具足한 본능이고 본성이어서, 억지로 외면하거나 피할 수 없기에 말입니다.

유마님은 너무나 진지한 교인이었고 헌신적인 종교인이었습니다. 그런 그가 그동안 자신의 종교에서 풀지 못했던 (마음을 몰랐기에)문제를 풀 수 있었던 것은 어느 날 우연찮게 마음교과서인 불교의 『대승기신론』을 만날 수가 있었던 것이 연유가 되었습니다.

3

현금의 종교인들은 진리추구에 대한 진지한 탐구심과 무한히 열린 태도가 아닌 독선과 아집에 거의 사로잡혀 있고, 신앙이라는 미명아래 집단이기주의적 행태에 매몰되어 종교 본연의 종교인 모습을 상실하고 있다는 지적이 제기된 지 오래이고, 또한 한두 번의 일이 아니었습니다. 더이상 종교가 인간을 진정한 행복의 길로 안내할 수 없다고 말하기까지 합니다.

저는 영국 유학시절에 매우 인상적인 패널토론회에 참석한 적이 있습니다. 옥스퍼드대학 인권 동아리에서 주최한 〈종교와 과학과의 대화〉라는 토론회였습니다. 21세기에는 과학이 인간들의 행복한 삶을 이끌어 주는 주도적 역할을 할 것인지, 아니면 아무리 첨단과학시대가 되더라도 인생의 행복과 불행의 문제는 종교의 몫이라는 것에 대한 격론이 벌어지고 있었습니다.

약 600여 명의 신학도와 과학도들이 청중으로 참석했고, 저명한 신학자 3명과 과학자 3명이 번갈아 가면서 종교무용론과 과학적 환원주의적 입장을 서로 반박하는 열띤 논쟁의 장이었습니다. 흥미로웠던 점은 토론회 전에 종교 측의 입장을 지지하는 사람과 과학 측의 입장을 지지하는 사람의 숫자를 파악하여 놓고 양측의 주장을 모두 듣고 나서 종교에서 과학으로, 반대로 과학에서 종교로 입장을 바꾼 사람의 수를 알아보는 것이었습니다. 이 토론회에 참석한 패널 토론자 중의 한 분이 요즈음 화제의 책으로 각광받는 『만들어진 신』의 저자 '리처드 도킨스'였지요. 결과는 예견대로 과학자들의 논지에 호응하는 사람들이 훨씬 많아 과학의 판정승으로 끝났습니다.

4

이 책에서 유마님도 과학이 종교를 점령하는 시대를 예견하고 있습니다. 현대인들은 고대인의 인지에 비하면 월등하게 합리적이듯이, 오늘날의 과학발전 속도로 인류문명이 발전한다면 백 년 안에 인류는 태양계를 자유롭게 왕래할 것이고, 천 년 내에는 태양계 전체에 골고루 퍼져 살 것이라고 예견합니다. 지금의 인지능력으로 파악했던 신비감과 경외감을 자아내는 신의 영역이 그때에 가서는 아주 일상적이고 평범한 것이 될 것입니다.

그렇다고 종교가 사라진다거나 인간이 알 수 없는 영역이 더 이상 없게 될 것이란 것은 아닙니다. 유일신을 섬기는 종교의 역할이 극히 줄어들어 종교박물관에서나 볼 수 있게 될 것이라는 것입니다. 하지만 불교는 인간들이 고통에서 벗어나는 길을 일관성 있게 제시하고 있으며, 고통의 문제를 푸는 방식이 맹목적인 믿음을 강요하는 것이 아니라 '있는 그대로의 진실'을 왜곡됨 없이 이치에 맞게 인지하도록 하기 때문에, 과학이 아무리 발달해도 불교는 존속된다고 유마님은 이 책에서 주장하고 있습니다.

자신이 믿었던 개신교는 신학적 기반이 취약하여 오직 '믿음'으로 모든 문제를 해결하려는 경향이 강하므로 이 점은 역시 불교에서 배워야 할 점이라고 그는 강조하고 있습니다. 불교도徒들도 또한 기독교[천주교와 개신교 등]도徒의 희생과 봉사정신을 본받아야 한다고 말합니다. 지혜의 발현과 자비의 실현이라는 분명한 이론과 실천체계를 가지고 있음에도 불구하고, 현실의 삶 속에서 자비행을 실천하는데 인색하며 기독교도의 사회구호활동에 비교하면 턱없이 취약한 실정이라는 것입니다. 일리있는 지적이라고 봅니다.

5

21세기는 다종교사회이고 지식정보사회입니다. 다양한 종교가 유용한 정보를 공유하여 종교간의 벽을 자유롭게 넘나들고 있습니다. 가톨릭 신부님이나 수녀님이 참선이나 위빠사나 명상을 하고 스님들이 찬송가풍의 찬불가를 부르고 일요법회를 하기도 합니다. 종교학에서는 이를 종교접변현상이라고 합니다. 물론 사회저변에는 아직도 자신의 종교와의 다름을 악의 축으로 규정하는 근본주의적 시각을 가진 종교인들이 상당히 많은 것이 사실입니다. 하지만 유마님이 예견한 것처럼 미래시대의 종교는 보편타당성과 합리성을 외면하면 점점 더 입지가 좁아질 것이 확실합니다.

6

『대승기신론』을 통한 회심回心의 종교체험 이전까지는 유마님의 불교에 대한 이해는 전무했다고 합니다. 거의 독학하다시피한 분의 글이라고 믿기 어려울 정도로 불교에 대한 이해가 깊고 표현이 정교합니다. 또 문제의 본질을 꿰뚫는 통찰력과 논의 핵심을 읽어내는 명쾌함이 돋보입니다. 형식면에 있어서도 「대화록」처럼 재미있게 엮어 놓았으므로 부담없이 읽을 수 있고, 또한 「명상록」처럼 깊은 사색이 담겨 있습니다. 특히, 2권과 3권, 마지막 4권까지 시종 흥미진진한 촌철살인의 비범함이 번뜩입니다. 4권인 수행일기는 진리에 대한 사유와 삶에 깊은 고뇌를 엿볼 수 있어 비슷한 길을 추구하는 많은 종교인들의 마음수행에 상당한 도움이 되리라 생각합니다.

또 논점이 분명하므로 독자들로 하여금 종교의 핵심쟁점들에 대한 적절한 문제의식을 던져줍니다. 이 책은 최근의 화제작으로 서양에서 백만부 이상 팔려나간 리처드 도킨스의 『만들어진 神』이나 이에 대한 인터넷 상의 공개 비평서한을 책으로 낸 데이비드 A. 로버트슨의 『스스로 있는 神』과 함께 종교의 변증서로써 손색이 없을 정도로 명쾌하고 박진감 넘치는 문제제기와 반박, 나아가 깊은 사색과 성찰이 담겨 있는 역작임에 틀림없습니다.

이런 점에서 이 책은 한국판 『승려와 철학자』나 『만들어진 신』이라는 생각마저 들게 합니다. 부연하자면 이 책은 기독교도와 불교도들이 우선 읽어야 한다고 봅니다. 상호 유익하기 때문이지요. 사실 기독교나 불교 등 기존의 종교들보다 더 중요한 사실은 '진리' 입니다. 각 종교가 저마다 진리를 내세우지만, 때로는 자신들의 입장에서 말하는 자기들의 주장일 경우가 많습니다. 그런 제각각의 입장을 떠나서 보편타당한 진리만이 현금의 인류를 구할 수 있는 진정한 구원의 길이라고 봅니다.

　끝으로 〈도서출판 도피안사〉를 통해 문서포교를 펴고 있는 송암스님께서 각별한 뜻을 내어 유마님의 유고遺稿를 모아 시리즈(1~4권)로 묶어 낸 것은 광덕 큰스님의 위법망구爲法忘軀의 생애를 받드는 또 다른 일이라고 봅니다. 불자로서의 삶을 짧게 살다 간 유마님의 글을 송암스님이 『광덕스님 시봉일기』를 낼 때의 정성으로 직접 가다듬어 시리즈로 출간한 것은 오로지 스승의 대각구국구세大覺救國救世의 운동을 선양하기 위함일 것입니다. 강호제현들께 삼가 일독을 권청합니다.

2552년(무자) 부처님오신날을 맞으며

미산 합장

終···終

이제 돌이켜 보니 작년, 그러니까 2001년 5월 21일부터 쓰기 시작한 '유마와 수자타의 대화'와 '편상片想'이 벌써 일 년이 된 셈이다. 난 그날 그날 편두통에 기대어 생각나는 대로 끄적거려 갔다. 그런 것이 이만큼 와 버렸다.

사실 이 중얼중얼 씨부렁거린 것을 누가 일부러 와서 하나하나 들춰보겠는가? 처음부터 나의 글을 본 사람이 아니면 아무도 일부러 들춰보지 않을 것이다. 끄적인 양도 만만치 않게 되었을 뿐만 아니라, 내용 또한 문학적인 수사가 들어 있는 것도 아니어 지루하고 따분한 것이 분명할 터인데 굳이 볼 일이 없을 것이다.

나는 기독교[개신교]인이었다. 이른바 모태신앙이라고 하는데 어머니 태 속에 있을 때부터 세례를 받고 믿어왔다는 말이다. 우리 아이들 대까지 이어지고 있으니 4대째 꼬박 기독교를 신앙해 온 집안인 셈이다.

우리 집은 3남 6녀의 대가족인데, 아버지는 25세 때부터 시골 교회의 장로님이셨고 어머니는 권사님이시다. 초등학교 때부터, 아니 그 이전부터 아침마다 우리 집은 가정예배를 보았다. 아버지는 우리를 날마다 돌아가며 대표기도를 하게 하셨고, 그 덕분에 나는 한때 성경을 다 암기하겠다고 창세기부터 시작하기도 했다. 그때 아버지는 신약성경만 암기하라고 충고하셨고, 그 바람에 슬며시 뒤로 물러나 유야무야 없었던 일로 해버렸다. 그렇지만 기독교는 나의 성장과정에 말할 수 없이 큰 영향을 주었다.

　성가대와 교회학교와 학생회, 청년회 등 각종의 교회기관에 주모(?)를 거치면서 해마다 보냈던 크리스마스와 부활절, 추수감사절 등의 추억은 그 무엇과도 바꿀 수 없는 소중한 추억들이다.

　우리 집은 지금도 모이면 '예수·아멘' 아니면 얘기가 안 통한다. 모든 길은 로마로 뚫려 있다고 하듯이 우리 집의 모든 이야기는 예수로 뚫려 있다. 이런 배경 속에서 내가 불교로 눈을 돌리게 된 것은 거의 기적이다. 기독교, 특히 개신교 계통에서 불교는 '우상숭배교', '귀신 믿는 교', '마귀사탄교' 등으로 인정사정없이 규정하고 규탄하는 것을 생각하면 그것이 기적이 아니라고 할 사람은 없을 것이다.

　그렇다고 누가 나에게 일부러 찾아 와서 불교를 가르쳐 준 것도 아니요, 전법전도한 것도 아니요, 협박한 것도 아닌데, 순전히 우연히 또는 어쩌다가 『대승기신론大乘起信論』이라는 책 한 권 본 인연으로 나는 불교를 단번에 알아봤던 것이다. 불교가 우상숭배교가 아니라는 사실을, 불교가 마귀사탄교가 아니라는 것을….

그리고 그 불교는 그동안 나를 가르쳐 온 기독교의 가르침에 정면으로 의문을 가지게 했다. 마치 북한 사람들이 남한을 가르치기를 거지들만 사는 곳이라고 가르친 것처럼, 기독교의 나에 대한 가르침이 그릇된 것임을 나로서는 의심하지 않을 수 없게 만들었다.

나는 『대승기신론』(이기영 번역·해석)'을 내리 세 번을 읽었다. 눈도 떼지 않고 읽었다. 거기서 받은 큰 충격은, 기신론이 가진 논리의 허구성을, 기독교적인 유일사상으로 무장하여 찾아내리라고 무진 애를 썼지만, 끝끝내 나는 실패하고 말았다.

결론은 그렇다면 하나였다. 그동안 기독교가 나를 그릇 가르치고 있었다는 것이었다.

(이때의 경험으로 나는 지금 기독교[천주교·개신교]가 빨리 불교를 제대로 이해하고 가르치지 않는다면, 언제나 공산당의 그 세뇌의 가르침에 불과하다는 테두리[주변]적인 종교로 전락하고 말 것이라는 것을 예감한다. 장삿술에 이것이 저것보다 좋다 하는 것보다, 이것과 저것이 있는데 어느 것을 가질래 하는 것이 더 옳을 때가 많다.)

책을 탁! 하고 덮는 순간, 나는 차마 말할 수 없는 처참한 혼란에 빠져들었다. 이때의 나의 혼란은 거의 위험수준에 가까웠다. 나는 분명 악마의 유혹에 빠져든 것이라고 거듭거듭 자성하면서, 하나님을 예수님을 모질게 붙들고 찾았지만, 이미 그 얇은 책자 속의 반듯한 논지는 그런 하나님을 모조리 없애버리고 지워 버린 후였다.

위험수준이라는 것은 바로 나를 혼란의 늪 속에서 미처 죽게 할지도 모른다는 것이었다. 그때 나는 외진 과수원 방에서 혼자 하릴없이 밥만 간신히 먹고 있었다. 그러니 그때부터 먹는 밥은 모조리 다 혼란의 에너지로 쏠려 들어가고 있었다. 밤마다 꿈을 꾸는데 교회 안에서 부처님과 하나님의 형상이 함께 나의 한 손씩을 잡고 당기면, 나는 갈갈이 찢기는 고통에 식은땀을 줄줄 흘려야 했다. 하루 이틀의 일이 아니었다.

(이때의 경험으로 나는 지금도 예수 믿는 사람들한테 불교를 권유하지 않는다. 그가 만일 획 하는 날엔 누가 책임을 질 것인가?)

유감스럽게도 그 당시 이 문제에 관하여 고백하고 상의할 사람이 내 주변에 단 한사람도 없었다. 혼자서 두 손으로 머리를 감싸고 끙끙대면서 이 문제를 빨리 해결하지 않으면 곧 이 일(?)로 미치게 될지도 모른다고 긴장하는 날이 많아졌다. 그때부터 나는 닥치는 대로 불교서적을 탐독했다. 밤이나 낮이나 오로지 불교서적만 보았다. 나는 본래 만화책 말고는 책을 가까이 하는 고상한 인품이 아니다. 하지만 불교에 내가 모르는 뭔가 있다고 생각하고서는 그것을 단편적인 상식으로, 내 몸 어느 한구석에 밀쳐놓기에는 충격이 너무 컸다.

생각해 보시라!

불교의 '불佛'자字도 모르는 사람이 서점을 기웃거리면서 접하게 될 그 무질서한 선택을, 그리고 그 무질서에서 오는 무정리된 것들의 집합을, 그 막막함을… 게다가 불교의 역사적 전래과정에서 불가피하게 진행되었던 한문이라는 문자와 불교 자체의 난해한 어휘와 논점들을…,

난 불교가 그렇게 이중·삼중·사중·오중으로 겹겹이·첩첩이, 아스라히 둘러싸인 성곽 같은 것임을 몰랐다. 마치 처음 보는 남정네의 시선을 차단하려고 차도르를 두른 중동의 처녀처럼 수줍어하는 종교일 줄은 전혀 몰랐었다. 그래서 확! 한번에 속시원히 벗겨보려고 또 그렇게 할 수 있을 거라고 생각하여 돌진했다. 그렇지만 짝사랑하는 남자는 언제나 그녀 앞에선 실패한다. 그렇게 가까이 돌진할수록 안으로 들어갈수록 난 실패만 거듭했다.

그렇게 모질게 실패는 하고 있었지만, 거듭되는 실패 속에는 나도 모르는 사이 확신의 세포가 그 상처를 메우고 있었다. '불교에 뭔가 있다'가 아니라, '불교에 모든 것이 있다'였다.

비로소 난 예수가 보였다. 하나님이 보였다. 교회가 보였고 믿음이 보였다. 기독교 안에서 오히려 보지 못하던, 그토록 보고 싶어했던 것들이 불교를 통하니 너무 잘 보였다. 막힘이 없었다. 기독교의 성경이·기독교의 교리가·기독교의 믿음이, 아무 막힘 없이 줄줄 설명되었고 흐르는 강물처럼 걸림 없이 이해되었다.

그것은 부정이 아니라 인정과 대긍정이었으며, 그것은 폐하고 버림이 아니라 완전하여 원만함이었다. 나는 그때부터 진정으로 내 일생 일대 최고의 책임을 가지고 부모님을 모시고 교회에 가게 되었다. 그분들이 하는 일을 새롭게 알게 된 후, 이제부터 어떻게 해야 될 것인가를 분명히 안 것이었다.

나는 차츰 기독교를 불교 안의 어느 한 법당으로 보게 되었고 알게 되었다. 사찰에 가면 그렇지 않은가? 대웅전이 있고·지장보살을 모신 법당이 있고·관세음보살을 모신 법당이 있고·삼성각이 있고·나한전도 있고. 대웅전 안에서도 과거7불의 탱화가 있고·화엄성중탱화도 있고 등등….

불교도들은 매우 열심히 기도하여 절에 갈 때마다 그 각각에다 절을 따로 올리지 않는가. 그와 같이 나는 기독교를 절 안의 어느 한 법당쯤으로 보고 알게 되어, 그동안의 혼란과 갈등을 정리하고 수습하게 되었다는 말이다. 물론 이것은 전혀 내 개인적인 수습이므로 남들이 무턱대고 따라 할 필요는 없다.(이런 거 잘못 따라 하다간 획 하는 수가 있으니 매우 조심하시라.)

저 유마가 한다고 나도 한다고 하다가는 유마가 구렁텅이에 빠지면 당신도 빠진다는 걸 항상 명심하여야 한다. 그리고 사람마다 체중이 다 달라서 나는 안 빠지는 것에 당신은 빠질 수가 있다는 것을 알아야 한다.

나는 서른다섯 즈음에 비로소 절엘 가면 남들처럼 절을 할 수 있었다. 그때까지만 해도 기독교의 습관이 배어 있어서 절을 한다는 것이 쉽지 않았다. 나는 아직도 처음 불상 앞에서 절을 했을 때의 그 망설임과 두근거림이 기억난다. 그때부터 나는 초상집에 가면 망자에게 무릎 꿇어서 큰절을 할 수 있었다. 비로소 나도 큰절을 할 줄 아는 한국사람이 되었던 것이다.

'유마와 수자타의 대화'는 기독교인들이 불교를 바라보는 시각에, 아주 지나친 경솔함과 얕음과 허점이 있음을 지적한 것이다. 대부분 나의 돌아가신 아버지와 휴가 때마다 제주도 집에 내려가서 담론한 내용들이다.

어떤 부분에선 나는 아버지의 신앙적 경륜을 다치게 하지 않으려고 무척 배려하기도 했지만, 결국 그런 시도는 부분적이었을 뿐 전체적으로는 실패했다. 아버지는 곳곳에서 말문이 막히시곤 했다.

나의 아버지!

비록 시골교회의 장로님이시라고 하여 보통 장로님으로 알면 큰 코 다친다. 목사님도 충분히 가르치고도 남을 만한 신앙경험과 성경에 대한 학문적 고찰이 매우 깊은 분이었다. 이 점에 대해서는 아버지를 아는 분들은 아무 이의를 제기하지 않을 것이다. 국내의 성경학자들의 연구가 짧음을 한탄하시고 일본에서 원서를 구입하여 탐독하시는 아버지의 기독교에 대한 역사와 조명은 그분의 신앙에 고스란히 녹아들었다.

우리의 지난 역사, 그 어려웠을 시절에 아버지는 스물다섯 청년의 젊은 연세에 교회 장로직을 맡았다. 그리고 제주의 4·3사태라는 거대한 현대사의 좌우대립에서 어렵게 생존하시어 교회를 세웠다. 그 당시 교회 역시 분파적인 싸움으로 대립하며 동네를 시끄럽게 할 때, 한 동네 안에서 교회가 하나가 되지 못해서야 어떻게 동네의 모범이 되겠느냐며, 교회를 통합하시는 녹록치 않았을 작업을 감당하셨던 나의 아버지는, 그 후 우리집안 모두에게 지금까지 신앙적 뿌리로 살아 남아 계심을 우리 집에선 아무도 부인하지 못한다.

휴가 때마다 나눴던 아버지와의 담론은 '유마와 수자타'의 입을 통하여 이 글들에 고스란히 들어 있다. 말문이 막히실 때마다 매우 곤혹스러워 하시던 아버지의 모습을 생각하니 지금도 그것이 일반적인 세간의 불효의 업에 들지는 않는지 걱정스럽다. 하지만 아버지는 처음 내가 불교에 빠져드는 것에 주의를 주고 훈계하셨지만, 나중에는 '불교에도 뭔가 있다고' 하는 평범한 기독교인으로서는 생각할 수 없는 전향적 평가를 내려 주셨다.

돌아가시기 3개월 전이다. 그러니까 1993년 8월의 휴가 때였다. 그때 나는 아버지로부터, 아버지가 돌아가시면 초상 치를 때 제주도에서 전통적으로 하는 짐승 잡는 일을 삼가하게 해 달라고 간청을 드렸는데, 아버지는 두 말 없이 흔쾌히 '그리하라'고 하셨다.

이 일〔不殺生〕로 나는 아버지에게 사후의 좋은 세계를 마련해 드리고 싶었다. 남을 죽이지 않겠다는 의지는 매우 좋게 쓰이게 될 것이 분명하기 때문이다.

이제 새삼 돌아가신 아버지가 보고싶고 그립다. 계셨더라면 분명 이 '유마와 수자타의 대화'와 '문답', 그리고 '편상'을 읽어보시고 이 아들이 삿된 길을 택한 것이 아님을 아셨을 텐데…. 또한 많고 많은 기독교인들 중에서 오직 나의 아버지만 이 일을 이해하실 수 있었을 것이다. 누가 또 있겠는가? 내 말을 가장 잘 알아들을 만한 단 한 분이 이미 가시고 없으니 외롭기 그지없다.

〔그만큼 기독교인들의 사상은 위험하기 짝이 없다. 선민사상選民思想은 그 주체가 힘이 있을 때에는 남을 가해하고―히틀러의 나치사상도 또 하나의 선민사상이었다. 그들이 힘을 가졌을 때에 어떻게 했는가?―힘이 없을 때에

는 순교를 가장하여 배쨰라[B.J.R] 한다.]

내 글['유마와 수자타의 대화'와 '편상片想'과 '문답']이 나오게 된 배경을 말하다 보니 너무 길어졌다. 마지막 말은 항상 좀 길어야 하나 보다. 어떤 이들은 짧게 잘 하던데….

"안녕!"이라고, 단박에 —.

부처님의 마지막 말씀이 "정진하라!"였는데, 이 말씀은 소처럼 힘들게 살라는 말씀도 아니고, 개미처럼 부지런히 일만 하라는 뜻도 아니다. 다만 부지런히 쉬지 말고 지관止觀을 행하라는 뜻이다. 이것만이 사람세계에 태어난 이의 마지막 할 일이라는 뜻이다. 그럼 무엇을 멈추고[止] 무엇을 살필 것인가[觀]는 스스로에게 물어 보아

그때그때 찾아서 해야 할 것이다. 여기에는 일률적으로 정해진 법이 따로 없기 때문이다. 살생을 즐겨 하는 사람은 살생을 그쳐야 할 것이고 내지 훔치거나 사음하거나 거짓말하거나 술 마시는 사람은, 그런 짓을 딱 그쳐야 할 것이다.

이와 같이 좋지 못한 습관과 관습에 훈습(薰習:훈증되는 것)되는 것을 살피고 멈추는 것은 다 각자의 깨달음과 직접 연관되어(인연) 있다. 인연이 없으면 부처님도 어쩔 수 없다고 하신 부처님의 고백을 불자들은 잘 상기하여야 한다.

지난 일 년, 참으로 잊지 못할 시간이다. 인연있는 분들과 함께 한 그 일 년이 언젠가는 모두 다 한자리에 모여 정진하는 수행인연이 되리라 믿는다.

요구르트를 마시며 자기 마음을 다 보여 주는 걸음마 아이에게, 녹차를 마시며 나의 마음을 보여주었더니 수줍어 도망간다. 그 아이를 바라보며….

나무 붓다!

나무 다르마!

나무 상가!

유마 합장

차례

한 생각[片想]

불교란 무엇입니까

수자타 : 불교란 무엇입니까?

유 마 : 부처님의 가르침이다.

수자타 : 부처님은 무엇을 가르치셨습니까?

유 마 : 마음을 가르치셨다.

수자타 : 마음이란 무엇입니까?

유 마 : 지금 이것이다.

수자타 : 무엇으로 압니까?

유 마 : 바로 이것으로 안다.

片想 2__
삼보三寶를 생각하면

삼보를 생각하면,
두려움이 없어지리니
한 마음에 두 가지 생각이 없는 까닭이니,
천군天軍들의 옹호함이 번개와 같아라!
널리 빽빽하게 사방 십리에 온 하늘과 땅에 두루 가득히 —

삼보를 생각하면,
모진 고통 감내하는 힘이 생기리니
온갖 것이 꿈이요, 환영이며, 물거품이요,
그림자이며, 또한 이슬이요, 번개와 같아
의지할 만한 것이 아님을 사무쳐 아는 지혜 저 허공 같아라!
저 하늘의 태양도 달도 별도 허공 아니면 의지할 데가 없느니!

삼보를 생각하면,
머리털이 쭈빗쭈빗 일어나는 부끄러운 일 없으리니
몸을 굽히며, 말[言語]을 잠재우며, 마음을 조복 받는 까닭에 독사와 전갈과 강도, 이와 같은 악한 인연 만나지 않으리!
그대 마음에 두려움 일거든,
부디 삼보를 생각하는 그 힘으로—
아무것에도 의지하지 말고
무소의 뿔처럼 혼자서 가오!

이것이 무엇일까

'이것이 무엇일까?'

단단하여 무너지지 않으나
흐물흐물하여 쥐어지지도 않고
변화무쌍하여 종잡을 수도 없으나
산과 같이 우뚝하여 분명하기도 하다.
하늘·땅·물·불에도 엄연하나
하늘·땅·물·불 그 어디에도 찾아볼 수 없다.
가고 옴이 또한 분명하나
흔적이란 애시당초 없다.

여럿이 가나 언제나 홀로이고
불현듯 나타나나 결코 존재하는 것도 아니며
곳곳에 응하기를 바람이 허공에 사무치듯 하나
거두어 돌아서기를 허공이 바람을 거두는 것과 같고

바늘 끝 위에도 대지大地처럼 서 있고
대지 위에 바늘 하나 꽂을 틈도 없다.
나와 그대는
이것을 마주하여 종일 같이 하지만
이것이 무엇인지는 알지 못한다.
안다는 것은 깨닫는 것만 못하다.

'이것이 무엇일까?'

귀 있는 자는 들을지어다!

'화禍 있을진저!'
말씀을 믿지 않고 성경책을 믿는 이들이여!
말씀을 궁구하지 않고 글자를 따르는 무리들이여!
집에 들어가지 않고 문에 기대어 서 있는 자들이여!
먹지 않고 뱉어내는 자들이여!
검은콩과 흰콩을 섬기는 자들이여!
숟가락이 국맛을 봤다고 하는 자들이여!
모두, '화禍 있을진저!'

이런 너희가 모두 손가락을 따라 달을 보지 않고 그만 손가락으로 달을 삼는 자들이라, 이미 화가 너희 발아래까지 이르렀느니라. 대저 하나님의 능력이 바닷물을 말릴 만하다 하더라도 하나의 태양과 버금갈 뿐이요, 산을 들어 옮길 만하더라도 하나의 지진에 버금갈 뿐이건만, 어리석다 인간이여, 미혹된 인간이여! 하루 해가 저물도록 미친 듯이 하나님만 찾아대나, 저 허공은 그날부터 지금까지 대답 한 번 없구나!

설령 예수가 다시 와서 천만 년 너희 곁에 있으면서 가르친다 하여도 천국은 힘들 것이다. 천국조차 힘든데 항차 열반을 어찌 말하리오!

깊은 시름 한아름 되어 절로 한숨만 나오는구나.

대관절 저들을 어이할꼬! 어이할꼬!

뜻 있는 자는 반듯하게 들어라.

만일 네 마음에 탐욕과 성냄과 우매함을 뿌리째 들어내지 않고는,

그것이 비록 천년 하늘왕국[天國]이라 하여도, 얻는 것이 다 마귀의 품삯임을 알아야 한다. 이를 일러 멀리서 찾아 헤매지 말라고 하는 것인데 이른바 탕자의 비유이니라.

저 멀리 타국에 가서 아무리 고상한 것을 사모하여 일평생을 보낸다 하여도 네 마음의 탐욕과 성냄과 우매함을 해결하지 못하면, 아이야, 아이야, 천국마저도 삼독三毒의 더러운 곳에 불과하느니라.

하늘의 주문으로 들어가겠느냐?

땅의 기도로 들어가겠느냐?

음성의 찬양으로 들어가겠느냐?

설레설레….

주문을 외워 너희가 하나의 돌멩이를 물 위에 뜨게 하겠느냐?

기도를 하여 너희가 한 스푼의 기름을 물 아래로 가라앉게 하겠느냐?

찬양을 하여 너희가 허공에 크리스마스트리를 달아매겠느냐?

정녕 너희가 너희 마음에 탐욕과 성냄과 우매함이 사라지지 않는다 해도, 그것을 끝까지 섬기고 있을 터이냐?

그렇다면 단도직입으로 꽉 물어버려라. 사자는 이렇게 뼈다귀를 던진 사람을 바로 물어 버리지만, 여우와 승냥이와 개들은 던져진 뼈다귀를 좇아가 물고 좋아하나니, 창세기와 계시록까지로다.

　저 사자처럼 바로 물어뜯어야 할 것은 오로지 탐욕과 성냄과 우매함이니라. 천국과 지옥의 일은 그 다음에 맡겨 상관하지 마라. 너희가 보지 않은 것으로 증명을 구하려 하나 백 번 구救한다 하더라도, 사람의 아들이 외친 산상수훈 외에는 더 보여줄 것도 들려줄 것도 없느니라.

　만일 누가 탐욕을 없애라 한다면 그를 따르라.
　만일 누가 탐욕을 줄이라 하면 그를 따르지 마라.
　만일 누가 성냄을 없애라 한다면 그를 따르라.
　만일 누가 성냄을 더디게 하라면 그를 따르지 마라.
　만일 누가 우매함을 없애라 한다면 그를 따르라.
　만일 누가 우매함을 줄이라 한다면 그를 따르지 마라.

　더디게 하는 것에는 항상 빠른 것이 있고, 줄이는 것에는 항상 늘어나는 것이 있다. 그러한즉, 내 하는 말, 오로지 탐욕과 성냄과 우매함을 줄이고 더디게 하여 마침내 이르는 곳이 천국이라 하여도, 그곳은 삼독이 남아있는 더러운 곳일 뿐이라. 곧 마귀의 품삯이라 하였느니라. 사람의 아들 버릇처럼 하신 말씀, '귀 있는 자는 들을지어다!'

片想 5__
옛 그림자

스승과 마주하여 그토록 그리던 얼굴을 뵈오니
파아란 눈동자에 흰 구름 흘러가네.

임 없는 마음에 쓸쓸한 그림자를 드리우매
예전에 알던 사람 떠나온 듯 사무치어
빈 바리때 둘러맨 바랑마저 애처롭다.

마침 갓 핀 연꽃 위를 지나 아미타교橋 건널 때
잠자리 화현하여 연꽃잎에 앉아 쉬는 짬
잠시 걸음을 멈추고 지나온 길 돌아보니
멀리 기다랗게 오동나무 잎사귀에 가려 있네.

잡힐 듯 잡히지 않는 목탁소리 아련한데
옛 거울엔 아직 자취 하나 없느뇨?

38....

片想 6__

강추!

당신에게 묻고 싶은 말이 있습니다.

당신은 지금 한가합니까?

어제 혹은 내일, 일로 번거로이 있으면서, "나는 지금 한가합니다"라고
대답하여서는 아니 됩니다.

내가 왜 이렇게 묻고 있는지 아시나요?

지나간 것과 오지 않은 것을 위한 것은 내 삶이 아니기 때문입니다.

왜냐하면 어제의 그 나〔我〕는 이미 지나갔으며

내일의 그 나〔我〕는 아직 오지 않았기 때문입니다.

어제 지나간 나〔我〕는 당신에게 인사를 하고 갔는가요?

내일 오는 나〔我〕는 당신에게 노크를 할까요?

어떤 사람은 천국에 들어갈 것을 기다리며 산답니다.

어떤 사람은 지옥에 들어가지 않을까 두려워하며 산답니다.

이것을 위하여 예비해야 한다고 하는 것은,

원인을 만들어 두었다가 결과를 얻겠다고 하는 것이므로

당연히 인과응보를 믿어야 옳습니다.

부처님이나 하나님을 믿어 두면

그런 예비적 행위에 잘 해당된다고 믿는 것 같습니다.

그러나 잘 들여다보면

부처님이나 하나님에게 영험이 있는 것이 아니라,

자기의 결심에 있는 것을 알게 됩니다.

부처님이나 하나님은 전적으로 나의 결심에 대한 대상에 지나지 않음을 알 것입니다.

사람들이 부처님 상을 만든 것도 교회를 만든 것도,

뭐라고 이러쿵저러쿵 할지라도

사실은 모두 이 대상을 만드는 노력일 뿐입니다.

이 대상이 점점 고상해지고 뚜렷해지는 것을 '나아감'이라고 부르며,

마침내 덩실덩실 춤을 추며 좋아라 합니다.

그러면서도 그것이 자기가 만드는 우상임을 전혀 눈치 채지 못하더군요.

가만히 그런 말을 해주면,

오히려 그 대상을 알지 못한다고 "너는 이 다음에 구원받지 못할 것"이라고,

도리어 가엾다고 동정까지 해준답니다. (웃음!)

이런 것을 바라고 기도하고 수행하므로,

얻는 것이 있다면 반대로 이런 것에 묶여 버리는 일입니다.

우리 불자들은 언제나 단 한 가지에만 관심을 가지세요.

'지금 내 몸과 마음은 한가로운가?' 하는 것입니다.

부대끼거나 비비적거리거나 하면 몸이든 마음이든 불이 납니다.

마치 성냥을 비비면 불이 나는 것처럼…

불이 나면 그 불을 끄려고 큰바람을 불게 합니다.

거친 호흡이 그것입니다.

그런데 잘못하면 그 큰바람이 오히려 불을 더 크게 만들기도 하지요.

또 어떤 사람은 말하기를 어제 일이든 내일 일이든

(기분 좋게) 탁! 내려놓고〔放下着〕 수행하라고 합니다.

마치 내려놓으면 내려놓을 수 있는 것이 어제 일이고 내일 일인 것처럼
말입니다.

어제는 지나 버렸는데 무슨 재주로 들고 있을 수 있으며,

내일은 아직 오지 않았는데 무슨 재주로 미리 들고 있는지 모르지만,

무조건 다 내려놓으라고만 자꾸 말합니다.

당신은 그것들을 들고 있을 수 있나요?

이러한 가르침은 그냥 무기(無記: 善도 惡도 아닌 성품)를 말하는 것뿐입
니다.

알지도 못하면서….

죽어서 천당에 가겠다고 하는 사람은,

확실히 지금 천당에 있는 사람보다는 뒤쳐진 사람입니다.

당신이 만일 몸과 마음이 지금 한가롭다면,

당신은 지금 분명히 천당에 있는 사람입니다.

이것을 믿지 못하므로 부처님이 오셨고, 예수님이 오셨고, 그리고 이
유마도 왔습니다.

이 비렁뱅이 유마까지 말입니다.

지금 한가롭다면 그리고 지금 병든다면 그대로 한가한 병입니다.

지금 한가롭다면 그러면서 지금 죽는다면 그대로 한가한 죽음입니다.

소리에 놀라지 않는 사자처럼

그물에 걸리지 않는 바람처럼

진흙에 물들지 않는 연꽃처럼

더불어

무소의 뿔처럼 혼자서 가는 한가로움을 그대에게 권합니다.

그 이상은 전부 사족蛇足입니다.

천당도 지옥도….

片想7__
성철스님 과연 어디로 갔는가? 여기 있습니다

내가 한 말 모두 군더더기—.

그러니 너희들은 내 말에 속지 말고 부디 스스로에게만 의지해야 한다.
내가 비록 살아 있을 때에야 입이 있어 이런저런 말로
혹은 너희를 위로도 하고 혹은 너희를 몰아치기도 하고
혹은 너희를 참회 없다고 나무랐을지라도…,
내가 한 이 모든 말—, 군더더기로다.

만일 너희가 마음으로 분을 내지 않고,
게으르게 드러 누워있어도
저절로 되리라고 믿는다면
그건 내 말에 속는 것이니라.
나는 어떤 때에는 천당을 말하여 사람들에게 착한 일을 권고하였고,
어떤 때에는 지옥을 말하여 악한 일들을 경계하게 했으며,
또 심지어는 늘 천당만을 사모하는 사람들의 무겁고도 무거운 욕심을

경계하도록 하기 위하여 천당이 없다고도 하였다.

그러나 이제 말하노니,

참 말은 오로지 너희 마음속에 있다.

너희가 내 말에 속지 않으려면

마땅히 너희가 구하는 것을 너희 스스로에게서 얻어라.

분명한 사실은 나의 부처는 더 이상 너의 부처가 되어 주지 못한다.

설령 내가 죽었다가 다시 자비로써 부활하여

너희 가운데 오랫동안 임재臨在 한들

내 가리키는 바 달은 보지 아니 하고,

손가락만 보아 내 가리키는 것을 보았다 한다면

너희에게 무슨 유익함이 있으리요! 어불성설語不成說이로다.

다만 손가락을 달로 보는 어리석음으로

서로서로 전하기를 이 손가락이 달이라 하리라.

너희는 다 나를 스승으로 받들어 왔던 자들이라,

행여 너희는 나 죽은 후에 내 말을 가지고 헛되이 시간을 보낼까

심히 염려하여 거듭 말하노니 내 말에 걸리지 마라.

아아, 생각해 보니,

내가 나의 부처는 놔두고 남의 부처만 쫓아다니기 그 얼마였던가!

얼마나 많은 생을 여기로 저기로 지향 없이 헤매었던가?

여기 부처 있다 하면 여기로,

저기 부처 있다 하면 저기로,

그 부지런함으로야 뒤지지 않았건만,

다시 돌아보면 모두가 도로徒勞였구나.

숟가락이 암만 부지런히 입 속을 드나든다 하여도

맛을 아는 것이 어찌 숟가락이겠는가?

나는 이렇게 속고 또 속으며 살았을지언정

너희는 더 이상 속지 마라!

그동안 내 너희에게 이것이 부처다 저것이 부처다.

이렇게 하면 부처 된다 저렇게 하면 부처 된다 늘 말해 왔으나

부디 거기에도 속지 마라.

내 이렇게 하며 '일생동안 남녀의 무리를 속여서'

마치 숟가락이 맛을 안다고 한 것과 같은 말을 하였다.

이 '하늘을 넘치는 죄업은 수미산을 지나친다' 함은

겸손하여서도 아니요, 짐짓 하는 말도 아니로다.

만일 이제 내가 마땅히 참회하지 않는다면,

'산 채로 지옥에 떨어져서 그 한이 만 갈래나 되는지라'는 폐부의 말이
로다.

감히 지심 참회컨대 '둥근 수레바퀴 붉음을 내뿜으며 푸른 산에 걸렸
다'고 할 만하도다.

아아, 어찌 내가 죽어가는 이 마당에까지 너희를 속이겠는가!

너희는 법에 따라 스스로에게서 구할 것이요,

다른 이에게서나 밖에서 구하지 말지니,

여기 부처 있다 저기 부처 있다 하여 몰려다니지 말지니라.

저들도 다 한 무리가 있어 부처를 봤다 하며,

혹은 그 말씀을 들었다 하리니,

무릇, 자기를 놔두고 딴 데서 구하면 모두 삿되다 하리라.

스스로에게서 구할 때에도 삿됨이 있어서 조심하거늘

하물며 다른 데서 구함이리요!

무엇이 스스로에게서 구할 때에도 삿됨이 있다 함인가?

여기 정진하는 사람이 있어 밤낮으로 정진하는 중에

문득 부처가 나타나 머리를 쓰다듬으며

여러 가지 설법을 하여 보이기도 하며,

광명이 비길 데 없어 그 영광에 흠취하게 하기도 하며,

병자의 속을 보되 그 뱃속까지 들여다보아

손으로 그 뱃속의 회충을 꺼내어도 병자는 조금도 상하지 않고,

좁은 방에서 다른 사람으로 하여금 일어나 걷게 하되

이 끝에서 저 끝까지 하루종일을 걸어도 닿지 않게 하며,

물속을 땅 위처럼 걷고 땅속을 물속처럼 걸어 보이며,

허공 가득히 자기 몸으로 덮기도 하거니와

이는 그 구하는 바에 따라 마음이 요동하는 것이라,

이를 일러 스스로에게까지도 삿됨이 있다 함이니,

만일 이 모양들을 따르면 삿됨에 이끌려 가

하나는 스승이 되고 하나는 제자가 되어 서로서로 그 법을 전하면서
흠취하다가 어느 날 그 부처 모양과 그 광명들이 없어지면
다 같이 쇠진하여 가산은 이미 탕진하고 다시 일어남이 없으리라.

오직 깨달으면 흠이 없으리니,
그러므로 말하기를 스스로에게도 흠이 있을진대
하물며 다른 이에게서 난 도道이겠는가 하는 것이니라.
이는 알고 보면 너희 마음속에 선과 악,
천당과 지옥, 천사와 사탄이라는 대립된 분별이 항상 가득하기를
낮과 밤처럼 분명하게 함으로써 분주하게 되어 생기는 망상들이니,
사탄이 오면 오는 대로, 천사가 오면 오는 대로
깨닫기만 하면 흠이 없거니와 깨닫지 못하면
이것은 사탄이며 사탄이다 하여 온갖 저주를 다 퍼붓고
대항하기를 목숨까지 아끼지 아니하며
저것은 천사라 하면서 따라가 거들어 모심이 목숨을 버리면서까지 하지만
그 화는 위와 같느니라.

이런즉, 나도 너에게서는 다른 이(남)라.
너희가 어찌 나에게서 나온 '말씀'에 묶여
너의 존귀한 성품을 돌보지 않으려 하느냐?
내가 한 그 모든 말, 그것 다 군더더기—.

부디 속지 말고 속지 말아서 너 스스로를 의지하고
다른 것에 결코 의지하지 말지니라!

눈 있는 자는 내가 어디 있는지를 알거니와,
눈 없는 자 훗날에 내가 어디 있느냐고 하며
허망하게 말하고 다니느니,
마치 꺼진 불꽃을 찾는 듯하리라.
너희는 마땅히 이 성철이가 어디 있는가 살피지 말고
'나'가 어디 있는가를 살펴야 하리—.

너는 과연 어디로 가려는가? 일러라!

이 글은 www.believers.co.kr 사이트의 토론방에 있는 '성철스님은 과연 어디로 갔는가?', '그리고 다른 신에게 예물을
드린 자는 과연 괴로움이 더하는가?'라는 제하(題下)의 김하늘 님의 글에 대하여, 제가 그 사이트에 반박으로 올린 글을
여기 옮겨 놓은 것입니다. 자기도 보지 못했고 남들도 보지 못한 '하나님'에 대하여는 망령되게 일컫지 않는다고 하면서,
비록 자기는 보지 못했지만 남들이 다 보고 존경했던 성철스님에 대해서는 자기의 종교와 다르다는 이유 하나만으로 망
령되이 일컬으니, 그 입의 가벼움과 그 마음의 경박함에 대하여, 자못 긍휼히 여기는 바입니다. ―유마

나그네 설움과 고경古鏡

오늘도 걷는다마는 정처 없는 이 발길

오늘도 내 마음 길 외롭고 고달파

지나온 자국마다 눈물 고였소

지난 만큼 돌아보니 아직 그 자리

선방禪房 가 죽비소리 옛님이 그리워도

깊은 선정 깨우는 죽비소리에

나그네 흐를 길은 한이 없어라

아직도 갈 길 먼 나그네일세

타관 땅 밟아서 돈 지 십 년 넘어 반평생

색수상행식 밟아 돈 지 반평생

사나이 가슴속에 한이 서린다
아직도 묶인 채 한이 서린다
법당法堂 가 풍경소리 고향도 그리워져
마음 저편 그윽한 공성空性 그리워

눈물로 꿈을 불러 찾아를 보네
찬 서리 겨울새벽 눈물 마루에 흘리네

낯익은 거리다마는 이국보다 차가워라
매일 보는 저 얼굴 저 마음 섬뜩하고

가야 할 지평선에 태양도 없어
스승 없이 홀로 마구니 마주하니

새벽 별 찬서리가 뼈 골에 스미는데
정수리 서늘하여 뼈마다 떨려오고

어디로 흘러가랴 흘러갈 소냐
옛 거울에 비친 얼굴 일주문에 걸려 있네

좌청룡 우백호

좌청룡 우백호라 했던가?

그 가운데 혈穴자리가 있는데 곧 명당이라 했던가?

말인즉슨 옳은 말이다.

왜냐하면, 좌는 있음이고 우는 없음인데,

이 양극단을 피하여 마음자리를 만들면 시비를 없애는 곳이 되므로 만사가 편안하다.

또한 좌는 생겨남[生]이고 우는 사라짐[滅]인데,

이 양극단을 피하여 마음자리를 틀면 무상한 이치에 사무쳐 들어가

세상시비를 피하니 자손만대[後事:뒷생각]가 편안하다.

('풍수, 그것이 알고 싶다'를 보고)

片想 10__
친구여

친구여,

어떤 도 통한 이가 나에게 말하더라.

너는 무얼 먹고 사느냐고?

네 처자는 어떻게 붙이느냐고?

너의 근심은 어떻게 경영하느냐고?

나는 미소로 답하였다.

창밖에 한밤에도 뒤척이게 하는 고도의 열기가 뿜어 내린다.

그 열기를 먹고 산다고 해야 했을까?

거리에 배꼽티 살덩어리들이 디룩실룩거리며 튕겨져 나온다.

그 육지거리를 먹고 산다고 해야 했을까?

나의 근심은

하늘에 쌓아 놓은 보물로 충당하련다고 해야 했을까?

아니면 땅을 핥아먹느라고 분주한 달팽이를 잡아먹고

온 근심을 배불리 소화시킨다고 해야 했을까?

친구여,

말하건대,

배고픔은 큰 불치병이다.

부자나 가난한 자가 똑같이….

아픔은 큰 불치병이다.

건강한 자나 유약한 자나 똑같이….

이루지 못함은 큰 불치병이다.

이미 이룬 자나 아직 이루지 못한 자나 똑같이….

또한 친구여,

어떻게 존재하던지 간에 존재하는 이[사람]마다에겐

죽음 또한 큰 불치병이다.

이렇듯 불치병 투성이의 서로에게

친구만이 위로를 해줄 수 있다.

친구가 아니면 아무도 돌아보지 않는다.

친구란 큰 의사이다.

나는 그대가 큰 부자거나, 감기 한 번 앓지 않는 강건하거나,

천성적으로 타고난 낙천가일지라도 만약 친구 없으면

자그마한 기침소리도 견뎌내지 못하리라는 것을 알고 있다.

친구를 가져라.

그의 손을 잡아라.

그대는 불치병자이다.

달밤 체조

번잡한 생각에 시달리다 쫓기듯 나와 앉았다.

그래도 얼마나 다행인가, 이 작은 방이라도 있으니….

사랑하는 것을 가지지 말 것을 권한다.

미워하는 것을 가지지 말기를 권한다.

왜냐하면 둘 다 번잡한 것들이기 때문이다.

누가 만일 한밤에 마당에서 앉았다 일어섰다를 반복한다면

뉘라서 그것을 이상하게 안 보랴!

사랑하는 것을 가지는 것은,

미워하는 것을 가지는 것은,

영락없이 '일어섰다 앉았다'를 반복하는 것이다… 한밤에.

가끔 작가〔시인·소설가〕들은

그 타고난 글재주로 사랑하고 미워하는 것을

가슴에 와 닿게 그리곤 하지만,

그 번잡함을 아무리 잘 포장한다 하더라도
쓰레기차에서 흘러내리는 물건들이 무어 대단하겠는가?
떠나 보내야 할 것들이 있다고 생각된다면
이미 많이 번잡한 셈이다.
사랑하는 것을 떠나 보내야 하고,
미워하는 것을 떠나 보내야 하는 그 수고로움….
그대는 아마 그것들을 미처 떠나 보내기도 전에
떠나 보내야 한다는 조바심에 지레 지쳐버릴 것이다.

어떻게 해야 이런 것들을 아니 가질까?
이미 가졌다면 어떻게 해야 두 손 탁 놓아버릴 수 있을까?
무심無心하여야 한다.
무심하여야 한다.
눈물에 닦아서라도 무던하게도 무심하여야 한다.

어떻게 무심하여야 할까?
어떻게 무심하는 것이 참으로 무심하는 것일까?
오는 것을 막지 말고 가는 것을 막지 않으면 무심함일까?
오는 것은 오고야 말고, 가는 것은 가고야 만다.
그대가 만일 운명론자라면 그렇게 하는 것을 무심이라 하리라.
나는 말하고 싶다.
오늘 밤 만일 잠 못 드는 이가 또 있다면 그대가 기꺼이 들어 주시라.

사랑하되 사랑함을,

미워하되 미워함을,

반듯하게 깨달으면 그것이 바로 무심함이라고….

달리는 열차에서 뛰어내리는 어리석음을 무심이라 하지 마라.

그대가 가지고 있는 기차표에 적혀 있는 역에서 내려야만 하는 것을 무심이라 하지도 마라.

반듯하게, 아주 반듯하게 창밖의 사물들과 마주함이 기차를 탄 이의 무심이다.

기차가 마침 아주 빠르게 모든 사물들을 버리고 잘도 달려주지 않는가!

片想 12__
쓸쓸한 저녁에는 옛 생각이 난다.

그대를 마주하여 들어올린 이 한 잔
단숨에 마시고 나면
비어질까 마시고 비어질까 또 마시건만
텅 빈 잔 위론 허공만이 채워지네 .

달은 하늘 가운데 걸려 있고
빛은 흩어져서 사방을 찾는구나.
저녁 무렵 아이들 뛰놀더니 하나 뵈지 않고
난로 벽 위에 댕그라니 남은 이 머리띠
혹시 시월애時越愛가 아닐까?

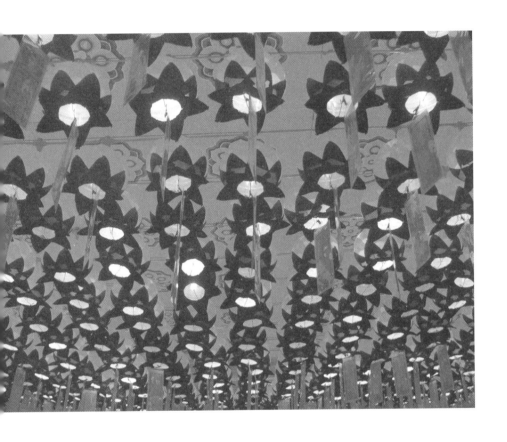

생로병사, 그대로가 신통묘용

한가롭게 마당에 드러누우니

사각사각 땅 그물에 제망찰해帝網刹海 제망찰해.

천리 밖 누렁이 풀 뜯다 되새김하는 소리

만리 밖 검정 쇠〔牛〕 지평선 뒤엎고 달려오는 소리

코 앞 개미 바지락바지락 기어가는 소리

숨소리도 방해 될새라 숨죽이며 듣는데,

어린 마누라 밥 짓다 말고 우당탕 달려오며 한 소리….

"시끄러운 생각 노상 굴리지 말고 먹고 살 궁리나 좀 하소!"

허허허….

저 여편네,

누가 들으면 굶고 있다 하겠네.

속으로 하는 말…

(신통하긴 누굴 닮았나, 어찌 그리 남의 생각 요란하게 잘도 듣고 있다니?)

片想 14__
될 수 있으면

자신을 너무 바쁜 가운데 두지 마라.
주차공간 하나로 아귀다툼하는 지옥에 간다.

자신을 너무 깨끗하게 두지 마라.
저 여인 엉덩이 힐끔 쳐다봄으로도 음란해진다.

자신을 너무 고독하게 두지 마라.
원수와도 잠자리를 같이 하고픈 외로운 정조를 가지게 된다.

자신을 너무 진실하게 보지 마라.
세상을 진실하게 보아 발등이 남아 날 틈이 없다.

자신을 너무 윽박지르지 마라.
가스 불 안 잠궜다 하여 아내에게 이혼장을 내밀게 된다.

자신을 너무 높이 보지 마라.

남들이 경의를 생략하기만 해도 억울하다.

이러한 자신을 남으로 하여금 너무 믿게 하지 마라.

하나밖에 없는 외아들이 나를 빙자하여 오만방자하게 군다.

이러한 자신을 남으로 너무 사랑하게 하지 마라.

받아서는 안 될 사랑을 챙겼으므로 지옥불이 가깝다.

이러한 자신을 남으로 하여금 너무 바라보게 하지 마라.

훗날 반드시 나의 눈이 멀게 된다.

될 수 있으면,

될 수 있으면,

숲속에 머물며 혼자서 가라.

그러면 남의 피와 땀으로 바치는 공양은 피할 수 있으리라.

단 하나의 여인에게서 받는 육정肉情까지도 버거운데,

하물며 아직 깨닫지 못한 몸으로 사부대중의 공양을 받음이겠는가!

이른 아침의 독백

마음을 따르겠느냐?

수자타야, 네가 마음을 따르겠느냐?

그러나 수자타야, 너는 마음을 따르지 못한다.

수자타야, 너는 네 마음을 따를 수 없느니라.

참회조차도 이미 늦어 버린 네 마음을 너는 따를 수 없느니라.

무엇으로 화두를 삼겠느냐?

무엇으로 화두話頭를 삼아도 너는 머리[頭]에 있지 아니 하고 꼬리[尾]

에만 있다.

마음은 참으로 신속하구나.

마음은 참으로 걸림이 없구나.

어찌 이다지도 신속하며,

어찌 이다지도 걸림이 없는가!

잠잘 때나 깨어 있을 때에나 단 한 찰나인들

이 마음이 움직이지 않고 이루어지는 일이 없구나.

살생을 아무리 봐도 이 마음이구나.

훔침을 아무리 봐도 이 마음이구나.

사음을 아무리 봐도 이 마음이구나.

거짓말을 아무리 봐도 이 마음이구나.

두 가지 말을 아무리 봐도 이 마음이구나.

악한 말을 아무리 봐도 이 마음이구나.

희롱하는 말을 아무리 봐도 이 마음이구나.

탐욕은 마음 그 자체이구나.

성냄은 마음 그 자체이구나.

어리석음은 마음 그 자체이구나.

수자타야, 보고자 하나 보지 못하는 것이 있나니,

눈이 없다고 변명하지 못하는 것은 바로 이 마음이니라.

수자타야, 듣고자 하나 듣지 못하는 것이 있나니,

귀가 없다고 변명하지 못하는 것은 바로 이 마음이니라.

수자타야, 냄새 맡고자 하나 맡지 못하는 것이 있나니,

코가 없다고 변명하지 못하는 것은 바로 이 마음이니라.

수자타야, 맛을 보고자 하나 맛을 보지 못하는 것이 있나니,

혀가 없다고 변명하지 못하는 것은 바로 이 마음이니라.

수자타야, 접촉하고자 하나 접촉하지 못하는 것이 있나니,

몸이 없다고 변명하지 못하는 것이 바로 이 마음이니라.

수자타야, 헤아리고자 하나 헤아리지 못하는 것이 있나니,

뜻이 없다고 변명하지 못하는 것이 바로 이 마음이니라.

수자타야, 마음을 따르기로는 몸이 가장 신속한 종이니라.

하지만 종인 몸은 주인인 마음의 신속함에는 매를 맞아야 할 만큼 느려 터질 뿐이다.

아아, 누가 있어 이토록 신속한 마음을 따라 잡을 수 있단 말인가!

천둥 번개조차도 마음의 신속함에 견주어서는 일겁이나,

일겁 반쯤은 족히 허공에 머물러 있으리라.

수자타야, 그러므로 조심하여라.

꿈에서도 너를 잠시도 쉬지 못하게 끌고 다닐까 걱정되노라.

잠시도 쉬지 못할까 걱정되노라.

잠시도.

무간無間의 마음 때문에….

마음이여, 마음이여….

뜻대로 가죽을 뒤집어 쓰고,

뜻대로 희롱하다가,

뜻대로 떠나가면,

남는 것은 처자의 울음뿐.

매양 원하는 가죽을 쓰는 것wearing은 아니지마는,

만일 쓴worn 그대로에서 가라사대,

하늘에 빛이 있어라 하니 태양이라 하고,

땅에 만물이 있어라 하니 산과 바다라 하고,

만물 위에 생명이 있어라 하니, 비로소 사람가죽 속에 들어가면 사람이
라 하고,

여우가죽 속에 들어가면 여우라 하고, 사자가죽 속에 들어가면 사자라
하고,

빈대가죽 속에 들어가면 빈대라 하여 톡톡 튀니,

마치 햇빛이 허공에 사무쳐 들어가는 것과 같고,

어둠이 나머지 허공에 빈틈없이 깔리는 것과 같아,

천지에 누가 있어 이 마음의 숨을 곳을 마련하랴!

하늘의 천주도 이 마음의 조밀함에 비하면 원숭이의 이빨과 이빨 사이
와 같고,

사해의 바닷물도 이 마음이 만들어 흘린 피에 비하면 한 방울의 물과
같을 뿐인데,

너 마음 주인은 어디서 무엇을 하기에,

긴 긴 시간 깨지 못하고 가죽 부대나 사고 팔게 만드는가?

새벽에 부둥켜안고 보니 쪼그려 세운 두 무릎이구나.

밖이 벌써 훤하다.

수자타야, 얼른 깨어나서 새벽을 보려므나.

내 마음 밭

수자타야, 죽는 것은 괴로움이다

수자타야, 오래 살기를 바라는가?

수자타야, 병듦은 괴로움이다.

수자타야, 병 없기를 바라는가?

수자타야, 늙음은 괴로움이다.

수자타야, 늙지 않기를 바라는가?

수자타야, 태어나지 말아라.

수자타야, 태어나지 않으면 저절로 나머지 것들은 없어진다.

수자타야, 무엇이 태어나지 않음인가?

수자타야, 모태母胎에 들지 않음은 태어나지 않음이다.

수자타야, 무엇이 모태에 들지 않음인가?

수자타야, 사랑하지 않음은 모태에 들지 않음이다.

　수자타야, 사랑하지 않으므로 그는 사랑이라는 모태에 들지 않아, 사
랑하는 사람을 못 만나는 괴로움과 사랑하는 사람과 헤어지는 괴로움이

없고, 괴로움의 생生이 없으므로 그는 사랑하는 것이 내려가고[老] 변하고 [病] 없어지는[死] 괴로움에 태어나지 않게 된다.

수자타야, 미워하지 않음은 모태에 들지 않음이다.

수자타야, 미워하지 않으므로 그는 미움이라는 모태에 들지 않아 미워하는 사람을 만나는 괴로움과 미워하는 사람과 헤어지지 못하는 괴로움이 없고, 괴로움의 생生이 없으므로 그는 미워하는 것이 늘어나고[老], 멍이 들고[病], 죽는[死], 괴로움에 태어나지 않게 된다.

수자타야, 구求하지 않음은 모태에 들지 않음이다.

수자타야, 구하지 않으므로 구함이라는 모태에 들지 않아, 구하나 얻지 못하는 괴로움과 이미 얻은 것을 잃었다 하는 괴로움이 없고, 괴로움의 생生이 없으므로 그는 얻은 것이 줄어들고[老], 퇴색하고[病], 없어지는 [死], 괴로움에 태어나지 않게 된다.

수자타야, 육체와 정신의 치성함을 구하지 않음은 모태에 들지 않음이다.

수자타야, 육체와 정신의 치성함을 구하지 않으므로 육체와 정신의 모태에 들지 않아, 육체가 사그라지는 괴로움과 정신이 노망하는 괴로움이 없고, 괴로움의 생生이 없으므로, 그는 강건함에 의지하였던 육체와 정신의 즐거움들이 변하고[老], 병들고[病], 죽는[死], 괴로움에 태어나지 않게 된다.

수자타야, 이것이 바로 무심함이라는 마음이다.

무심함은 생로병사의 파도를 관여하지 않는다.

무심함은 팔정도八正道를 꿰뚫어 하나의 실에 꿰어 놓는다.

무심함은 밭의 김을 매면서 소를 돌보는 마음이다.

한가로운 주인을 만난 소는 주인처럼 한가롭게 풀을 뜯는구나.

수자타야, 내 마음 밭에 오너라!

진리란

진리란 무엇일까?

그대는 이 물음에 어떻게 답하고 싶어할까?

다음과 같을까?

진리는 시詩이다.

아니다.

시 속에 진리의 어구가 한 마디 담겨 있을 뿐이다.

진리는 과학이다.

아니다.

과학 속에 진리의 물방울이 한 방울 담겨져 있을 뿐이다.

진리는 말씀이다.

아니다.

말씀 속에 진리의 소리가 조금 담겨져 있을 뿐이다.

진리는 역사이다.

아니다.

역사 속에 진리의 모습이 조금 나타나 있을 뿐이다.

진리는 만물이다.

아니다.

만물 속에 진리의 이치가 조금 배어 있을 뿐이다.

진리는 처음이다.

아니다.

처음 속에 진리가 조금 관여했을 뿐이다.

진리는 중간이다.

아니다.

중간 속에 진리가 조금 녹아져 있을 뿐이다.

진리는 나중이다.

아니다.

나중에 진리가 조금 명료해졌을 뿐이다.

진리는 고급물질이다.

아니다.

고급물질 속에 진리의 재료가 조금 들어 있을 뿐이다.

진리는 차원이다.

아니다.

차원이 진리를 조금 나타내고 있을 뿐이다.

진리는 앎이다.

아니다.

앎이 진리를 표방하고 있을 뿐이다.

진리는 분별이다.

아니다.

분별하여 걸러진 진리는 타락한 것이다.

진리는 천국이다.

아니다.

천국은 진리의 그림자일 뿐이다.

진리는 혼돈이다.

아니다.

혼돈은 진리의 벗이 나누어 가진 소일거리일 뿐이다.

진리는 형상이다.

아니다.

형상은 진리의 잠시일 뿐이다.

진리는 영원 그 자체이다.

아니다.

영원 그 자체는 생을 짧다고 한탄하는 너의 불만이다.

진리는 미진微塵이다.

아니다.

미진은 진리의 우주이다.(결코 미진일 수 없다)

그대는 분개하며 말한다.

그럼 도대체 진리는 무엇이냐?

사실 나로서도

"진리는 텅 비어 있음이다"라고만 말하며,

　친절하게도 다음과 같이 설명할 수 있을 뿐이다.

"텅 비어 있음이 본체로서 한 번 작용하면 천만 가지가 일어나고,

한 번 그치면 그친다 할 것도 없이 고요하다.

마치 저 큰 바다가 한 번 일어나면 천만 가지 물결이요,

한 번 그치면 그대로가 잔잔함과 같이…

나누어 보면 요동침과 고요함, 그리고 둘, 셋, 넷이지마는

즐겨보면 웃음거리일 뿐…

편향됨을 버리고 보면 또한,

아무것도 아니지마는, 또한 모든 것이기도 하다.

막히면 벽이 되지마는, 뚫리면 허공이다.

진리는 의심받는다고 벌하지도 않고,

찬양한다고 복을 주지도 않는다.

진리는 진리편에 선 자들만 조금 옹호하는 척 하는 게 유일한 의사표시이다.

하지만, 정작 그대가 그 진리의 옹호를 받는다고 생각되는 순간,

호되게 역정을 내고 만다.

진리는 가질 수가 없다.

그러므로 나눌 수도 없다.

그대가 만일 진리를 사모한다면, 끝없는 짝사랑의 외로움을 각오하여

야 한다.

그것은 그대가 어리석게도 진리를 가질 수 있다고 생각하는,

그 순간의 운명이 날라다 준 반찬거리이다.

진리는 뜨거운 불과 같다.

가까이 할 수는 있지만, 만질 수는 없다.

진리는 야속한 여인과 같다.

사랑할 수는 있지만 알아주지는 않는다.

진리는 허공과 같다.

그대를 방해하지는 않지만 그대가 가질 수도 없다.

무척이나 진리를 가진 자처럼, 진리가 내 것인 것처럼,

소리 높여 찬양하고 거리에서 떠드는 그대의 목청소리를 듣고,

나는 슬퍼하는 맘으로 저문 날의 어둠을 걸어간다.

그러고 보면 다만 진리는 깨닫는 자의 것이다.

마침 한 살 된 대나무 가지 사이로 작은 새가 둥지를 찾기에…"

나, 중생!

똑, 떨어지는 눈물.
아, 나는 중생이구나!

뚝, 끊어지는 호흡.
아, 나는 사는 듯 죽고 있구나!

딱, 맞아드는 예감.
아, 나는 예전의 그였구나!

떡, 벌어지는 어깨.
아, 나는 혼자가 아니구나!

벌거벗은 이는 이미 충분히 벌거벗은 것, 더 이상 벌거벗을 것도 없
는 것.
중생은 중생이므로 이미 충분히 부끄러운 것, 더 이상 부끄러워 할 것

도 아닌 것.

쌀독에 쌀이 떨어진대도,

지갑에 단돈 천 원짜리 하나 달랑 보름을 간대도,

더욱이나, 내일 증권이 폭등하여 억만금을 손에 쥔대도,

나는,

확실히 쌀 떨어진 중생.

천 원짜리 중생.

그리고, 졸부 중생.

이런들 저런들 중생은 중생.

고급 중생,

저급 중생,

음란 중생,

고상 중생,

성모 중생,

창녀 중생,

예수 중생,

목사 중생,

교수 중생,

노동자 중생,

아이큐 높은 중생,

아이큐 낮은 중생,

허, 이런이런!

고작 중생노릇 하려고 대학 다니고, 대학 나오고….

예수 몸 받고,

예수 믿고,

기도하고,

구원받고,

박사 되고,

고급 일꾼 되고,

….

그까짓 고작 중생노릇 하려고…. 쯧쯧!

요즘 알까기 유행한다지?

중생 알까기 한 번 안 하려나?

서로 중생노릇 하면서 벗으면 알몸뿐인 것으로,

예수 되고, 목사 되고, 박사 되고, 천당 가고, 지옥 가고, …그런 짓 하지 마세.

나, 중생!

그나마 누구처럼 중간에 요절하는 천재보다는 오래 오래 사는 바보가 되고 싶어.

천치바보가 되고 싶어….

그러나 바보처럼 오래오래 살기보다는 한순간의 깨달음이고 싶어라.

나, 그런 중생!

어차피 중생이면 괜히 따로 음란해질 필요 없듯,
괜히 따로 거룩해질 필요도 없어라.
깨달음 없는 그것은
이러나 저러나 중생!
중간에 죽으나 끝까지 살다 죽으나,
영어 수학 잘하다 죽으나, 음치로 살다 죽으나,
천당 갈 일하다 죽으나, 지옥 갈 일하다 죽으나,
중생이면 그냥 막무가내 중생!
나, 이런 중생!
내 앞에서 폼 재지마.
너나 나나, 나나 너나,
중생이면 중생!

그렇다고 중생끼리 잘해 보자고 하지마.
구더기끼리 잘해 본들 뭐가 더 낫겠어?
중생끼리 아무리 잘해 본들 중생 이상이겠어?
나, 그런 중생!

힘 나지?
다 같은 중생들이라니까….
그렇다고 지옥중생은 되지 마.
중생에게 제일 견디기 힘든 것이 뭔지 알아?

그건 괴로움.

괴로움 중에서 제일 힘든 게 뭔지 알아?

그게 바로 지옥.

오늘 어쩌면 가장 괴로웠지?

차라리 바보, 천치, 축생이 돼버려라.

그러면 괴로움이 덜할지 몰라.

그렇다고 진짜 축생은 되지마.

중생이 길이 중생이 되는 길이 뭔지 알아?

그건 바로 축생.

오늘 어쩌면 가장 어리석었다면,

내일 호전될 것이라고 기대하면 안 되지?

나, 중생!

그런 중생!

딱 그만큼에게 어울리는 그만큼의 중생!

태양이 딱 태양만큼이듯,

달이 딱 달만큼이듯,

난 딱 나만큼의 중생!

어떤 나만큼?

내가 걸어갈 때마다 벌어지는 딱 그만큼의 공간만큼,

내가 죽을 때마다 뉘어지는 딱 그만큼의 땅만큼,

내가 하는 짓마다 일어나는 딱 그만큼의 보報만큼.

나, 중생!

그런 중생!

내가 중생인 것이 위안이 된다면,

이리 와.

나도 위안이 필요해.

片想 19__
불자여, 세상의 온갖 것이 오직 마음뿐

당신은 시각장애인입니다.

시각장애인은 볼 수가 없습니다.

보겠다고 하는 그 마음을 놓지 않으면 한없이 괴롭습니다.

눈으로 보는 것만이 진실일 거라는 그릇된 관념이 당신을 더욱 괴롭게 합니다.

그렇게 하여서는 괜히 있는 머리를 없다고 하며 동네를 뛰어다닐 것입니다.

당신은 청각장애인입니다.

청각장애인은 들을 수가 없습니다.

듣겠다고 하는 그 마음을 놓지 않고서는 한없이 괴롭습니다.

귀로 듣는 것만이 진실일 거라는 그릇된 관념이 당신을 더욱 괴롭게 합니다.

그렇게 하여서는 괜히 없는 토끼의 뿔을 있다고 우겨대며 동네를 들쑤시고 다닐 것입니다.

눈이 없다고 하는 것도 마음이요,

눈으로 보겠다고 하는 것도 마음이요,

눈으로 보지 않겠다고 하는 것도 마음입니다.

이 마음만 본다면,

당신은 능한 수행자입니다.

언젠가는 온전한 눈과 귀로 이 세상을 보고들을 수 있을 것입니다.

반대로 만일 당신이 이 마음을 따로 놔두고,

나는 관세음보살이 아니니 온전히 소리를 들을 수 없다 하거나,

나는 아미타부처님이 아니니 온전한 광명을 놓을 수 없다 하거나,

나는 여자의 몸으로 갖가지 불편부당한 환경에 노출되어 있으니,

이것들을 하나하나 헤쳐나가기 어렵다고 하거나,

나는 음란한 몸뚱어리를 가지고 있으니,

닦는 대로 모조리 다 음란한 동작들뿐이니 도道와는 거리가 멀다고 한탄한다면,

석가세존이 다시 오셔서 당신 곁을 떠나지 않으며, 줄곧 당신을 가르친다 하여도,

당신은 오로지 잇찬티카입니다.

결코 당신의 마음을 제도할 수가 없을 것입니다.

마음을 보게 하지 못한다면,

부처님이라도 멀리 해야 하며,

아름다운 법이라 해도 멀리 해야 하며,

큰스님이라 해도 멀리멀리 피해야 합니다.

마음만 본다고 한다면,

당신이 똥을 누고 있던지, 쌈장에 고기를 발라서 찍어 먹고 있던지,

가장 음란한 몸짓 위에 누워 낑낑거리고 있던지,

그런 것들로 인하여 당신의 도道가 방해를 받고 있다고 할 수는 없을

것입니다.

크게 의심스럽고 크게 한탄스러운 이는,

왜 바로 이 마음을 믿지 않는 것입니까?

단박에 끊어야 할 것

단박 끊어야 할 것이 있다.

어떤 것이 단박 끊을 것인가?

망설이거나 차츰 하리라고 미룬다면 안 되는 것들이 바로 그것이다.

무엇이 망설이거나 차츰 하리라고 미루면 안 되는 것들인가?

첫째, 살생하는 업은 단박에 앉은자리에서 바로 끊어버려야 한다. 이 사람은 돈오頓悟의 근기를 잘 갖추었다고 할 것이다. 어떤 인연으로 그렇게 하는가? 다른 인연으로가 아니라 부처님 이름 얻어들은 인연으로 그리하는 것이다. 만일 어떤 사람이 이 일을 차츰 하리라고 생각한다면, 그는 점수漸修를 닦는 사람이라. 어느 세월을 기다려야 할지 알 수 없고, 더군다나 금생에 사람 몸을 잃으면, 내생에 다시 사람 몸으로 태어나리라는 보장도 없는 상황에서 훗날로 미룬다는 것은 잇찬티카를 몸소 즐기는 사람이다.

그러면 살생을 업으로 하여 살아가는 사람들은 어찌할 것인가?

살생을 업으로 하여 살아가는 사람들은 단박에 앉은자리에서 공성空性

에 들어가야 한다. 죽이는 이도 공空이요, 죽는 이도 공인데, 공끼리 만나서 하는 일도 공이요, 이루어진 일도 공이라는 지극한 이치[至理]에 앉아 공한 성품을 반듯하게 꿰뚫고 있으면, 짓는 일도 지어진 일도 다 공이라. 이 사람은 비록 손에 번뜩이는 칼날을 하루 종일 들고 있으나, 하루종일 무거운 화두를 들고 앉아 있는 이보다 사뭇 큰 보살이다. 어떤 인연으로 그렇게 하는가? 다른 인연으로가 아니라 바로 반야바라밀다의 인연으로 그리하는 것이다.

내지 이와 같이 투도偸盜와 사음邪淫과 망어妄語와 음주飮酒 등을 단박에 끊어야 하므로, 이 일을 아는 이를 일러 참으로 돈오의 문에 들어섰다 하는 것이다. 만일 점차로 하려고 한다면, 반드시 다음 생과 또 다음 생과 또 다음다음 생에 하리라고 하는 것인데, 과연 어느 생에 하겠는가? 만일 거기에서 짐승 몸을 덜컥 받으면, 마치 저 부처님 발아래 기어가던 개미 무리들이 7만겁 동안을 개미의 몸으로 그 업을 다할지 누가 알랴!

깨달음은 비록 더딜지라도 단박에 할 일은 더디지 않을 것이다.
나는 어떤 인연으로 이리 말하는 것인가? 나와 남의 목숨을 함부로 끊어대는(살생하는) 이는 그 어떤 방편으로도 제도할 수 없기 때문에 이리 말하는 것이다.

아, 무엇을 어찌 하려고 하는지!

몸을 혹사시키면 마음이 번뇌에 종사하게 된다.
마음이 번뇌에 종사하는 것을 수행이라 한다면…?
몸 닦는 것으로 마음 닦는 것〔수행〕을 삼으면,
모래로 밥을 찌면서 밥을 찌고 있다고 아는 것과 같다.

밖의 부처님은 내 마음과는 아무런 관련이 없다.
세웠다 눕혔다 하루에 삼천 번을 한다고,
먼지만 더욱 일지 언제 고요해질 것인가!
강물에 수레 삼천 대가 지나는데
그 흙탕물로 부처님께 공양드리려는가?

아, 참 방편이 없구나!
밖으로는 오직 예수를,
안으로는 이 삼천배를 대하여,
방편이 없구나, 방편이…!
함부로 흉내만 내다간 저도 모르게 덜컥 업습에 물들리라.

이심전심以心傳心

큰 아이가 한자경연시험을 치르고 있는 어느 대학 캠퍼스.

북적거리는 사람들 속에서 화단을 빙 둘러놓은 벽돌 위에 엉덩이만 살짝 걸치고 앉아, 마침 흘러가는 구름이며 흐르는 사람들이며 대나무 사이로 휘감아 도는 바람을 정해진 순서 없이 보고 있었다. 아내가 사다 준 호빵 한 개를 다 먹고도 무료해진 나는, 그냥 있기보다는 북적거림 속의 고요함을 즐기기로 했다. 구름과 사람과 바람을 버리고 눈앞 콧빼기 언덕을 비스듬히 따라 내려가 어느 태초에 마련되었을 땅바닥을 겨냥한 채, 선정의 닻을 내리고 즐기는 것을 즐기며….

그러다 어느 순간, 곁눈 가장자리 레이더에 그림자로 포착되어 아장아장 걸어 들어온, 이제 돌이 갓 지났을까 말까 한 아이가 내 엉덩이와 한 뼘도 안 되는 거리에 꼭 나처럼 엉덩이를 걸치고 앉더니 힐끔힐끔 나와 눈을 마주친다. 아기는 꼭 오래된 벗처럼 방실대더니 앉은 자세로 몸을 뒤채이며 화단 안쪽 벽돌 아래에 깔려 있는 조약돌 하나 넘어질 듯 어렵사리 쥐어 들더니 망설이지 않고 내 몸 영역 안으로 날라와 들이민다. 나에게 준다는 것이다.

나는 주는 그 아이의 손으로 내 손을 가져가는 아주 잠깐의 순간에, 남들이 보면 전혀 정지 장면이 없는 그 순간에 번개같은 전율을 느꼈다. 아이의 마음을 본 것이다. 혹 당신은 아이의 마음을 들여다본 적이 있는가? 시詩에서는 쓰이는 말이지만 실제로는 아마 들여다본 적이 없을 것이다. 아이의 마음은 바로 아이이다. 그 아이는 나에게 주는 마음을 주고 있었다. 주는 것도 조약돌이 아니고 받는 것도 조약돌이 아니다. 그 아이는 마음을 주었고 나는 마음을 받았다.

아, 나는 그것을 받았던 것이다. 마음을….

너무나 황홀하여 난 손을 내민 채, 그만 그대로 선정에 들어버렸다. 아마 그렇게 짧은 선정은 처음이었을 것이다. 나는 내가 정확한 것을 정확히 받고 있음을 아이에게 알려주기 위하여 언어를 쓸 수 없었다. 말을 할 나이도 아니었지만 말을 한다고 들을 수 있다고도 여기지 않았다. 언어란 지극히 보잘것없는 최후의 빈약한 몸짓에 불과함에도 불구하고 사람들은 늘 이 언어를 최후에 쓰는 게 아니라 맨 처음에 쓴다. 더욱이나 마음을 주고받는 데에는 단 한 어구도 쓸모없는 것이 바로 언어이다.

아이는 내가 받는 것이 자기 마음에 들었는지, 연달아 같은 어려움이 표현된 동작으로 돌을 주워서 내 손에 건네는 것을 몇 번 반복하고, 나는 처음의 그 마음을 잃지 않는 경건한 자세로 아기의 마음을 받았다. 그토록 엄청난 부유함의 상속행위가 거기에서 이루어지리라곤 난 상상하지도 못했고 더욱이나 나라의 국세청에선 꿈도 못 꾸고 있었으리라. 이러한 은밀한 상속행위는 내 바로 앞에 앉아서 둘째 아이와 노닥거리는 아내조차 눈치 채지 못한 것 같았다.

　너무나 황홀한 마음에는 보답을 잊어서는 안 된다. 나는 받은 조약돌 중 하나를 골라 도로 그 아이의 손에 얹혀 주고는 받은 것이 조약돌이 아니라 마음이었음을 그대로 전달해 주었다. 아마도 성공한 것 같다. 마음의 상속을 다 마친 우리 둘은 미소를 지으며 마주 보고 있었지만 나는 그것만으로는 성이 안 차서 그 아이의 양쪽 허리를 앉은 채로 번쩍 들어 올려 허공에 걸리게 하고는 파아란 가을하늘의 구름을 대신하게 하였다. 눈앞에 어지러이 오가는 사람들을 대신하게 하였다. 대나무 사이로 감도는 바람을 대신하고도 남을 충분한 마음이 가을하늘을 온통 뒤덮고 있었다. 그런 우리의 기운을 눈치 챈 것일까? 아이의 엄마가 저만치서 걸어오더니 귀띔해 준다.

　"늦둥이예요!"

　그래 늦둥이다. 너와 나는—.

제일 가는 공양

부처님께 드리려고 하면 딴 것 드리지 말고,

마음을 드려라. 마음공양이 제일이다.

부처님께 마음을 드리려면 딴 마음 드리지 말고,

빈空 마음 드려라. 빈 마음공양이 제일이다.

이미 빈 마음을 드리려고 작정하였다면,

딴 생각말고 들여다 봐라. 마음을—.

망妄으로 망妄을 다스리는 묘한 것이,

바로 공空임을 보게 된다.

한 번 보면 절대 잊어버리지 말고, 사무치게—.

사무치게— 사무치게 깨달아라.

제행이 무상하니 시간은 덧없이 흘러가고,

제법이 무아이니 속절없이 이 몸은 스러져 가네.

시간과 맞닿은 이 몸은 그대로 번쩍번쩍 요란하게 생로병사 번개 치

는데,

언제쯤 이 언덕엔 적막한 밤 귀뚜라미 울 건가.

자그마치 언덕이 다섯 배기인데—.

가을비 낙엽 밟는 소리를 들으며

괴로움〔苦〕을 봤다.

괴로움을 봤으니 말해 줘야지.

'내가 괴롭다' 하는 '나'를 봤다 고.

괴로움이 통째로 거리를 걸어가고, 정류장에 서고,

집에 돌아와 앉고, 침대에 눕고 있는 것을 보았는데,

알고 보니 '나'는 '괴로움 덩어리 그 자체'였다.

인연이란 없었다.

배우기를, 인연에 의하여 괴로움이든 즐거움이든 생긴다고 들었는데,

알고 보니 괴로움에는 인연이란 없었다.

그러므로 생기는 것이 아니었다. 따로 만들어지는 것이 아니었다.

나는 괴로움 덩어리 그 자체였던 것이다.

행복하다고 즐거워하는 것은,

매우 어리석은 위험한 위안이라는 것을 불현듯 느꼈다.

'이 괴로움을 어이할꼬!' 가 아니었다.

'이 괴로움 덩어리를 어이할꼬!' 였다.

생각해 보니 괴로움이 어디 골목길 어귀에 숨어 있다가,

깜짝 놀래키며 나타나는 악동이 아니라는 이 새로운 지식에,

난 대응할 어떤 준비도 되어 있지 않는 것 같다.

어떻게 해야 하나, 어떻게 해야 하나—.

사실 그러고 보니, 툭하면 허리가 아프고, 툭하면 어깨가 고장나고,

툭하면 숨이 헐떡거리고, 툭하면 피가 나고, 툭하면 결리고,

툭하면 설사가 나고, 툭하면 목감기에 콜록대고, 툭하면 두통이 나고,

툭하면 짜증나고, 툭하면 욱하고, 툭하면 몽둥이를 들고,

툭하면 삐치고, 툭하면 음란한 것이 아무래도 이상하긴 했다.

어쩌다 저 일들이 잘 풀리면 원상대로 됐다고 좋아하는 것이,

정말 어린아이의 유치한 즐거움이었다.

그러나 괴로움이 따로 있다가 나타난다고 하는 이 지식이 잘못된 것은

아닐까?

차라리 내가 괴로움 덩어리 그 자체라고 해야,

지식의 은총을 받을 수 있을 것 같은 생각이 든다.

아래층으로 내려와 전등불을 밝히고, 방석을 둘둘 말아 엉덩이에 대고,

그동안 실컷 속아온 괴로움 덩어리와 마주하였다.

어딘가 허술한 구석, 아직 괴로움이 번지지 아니한 변방의 어떤 사소한

한 뼘 구석이라도 있을 것이다. 설마하니 진짜 100% 괴로움 덩어리야 하

겠는가! 하고 샅샅이 뒤져본다.

　아, 나는 그만 실망했다.

　생각조차도 그 자체가 괴로움이 아닌가!

　절망의 틈새에서 원치 않은 시집을 가는 갑순이처럼 '고苦'의 가마를 타는 순간,

　나는 내 숨결을 의식하였다.

　번개 같은 아이디어가 뇌리를 스치고 지났다.

　괴로움 덩어리라면 순간순간 때마다 괴로움 아닌 것이 없어야 하는데,

　괴로움 아닌 것이 없다고 한다면 숨이 들어갈 때나 혹 숨이 나올 때,

　어느 한순간이든지 균일하게 괴로움이어야 한다고 생각했다.

　그렇다면 숨이 들어오는 것과 나가는 것을,

　순간순간 면밀히 살펴야 마땅하지 않겠는가 하는 이 생각에 매달려,

　숨에 온 의식을 집중하여, 들어오는 숨은 긴가 짧은가? 나가는 숨은 긴가 짧은가?

　들어오는 숨이 정확히 시작하는 곳은 어디인가?

　들어온 숨이 정확히 도달하는 곳은 어디인가?

　나가는 숨이 정확히 시작하는 곳은 어디인가?

　나가는 숨이 정확히 도달하는 곳은 어디인가?

　들어오는 숨은 어떤 것을 들여오고 있는가?

　나가는 숨은 어떤 것을 밖으로 나르고 있는가?

숨이 들어올 때에 밖의 인연이 들어오는 것인가?

숨이 나갈 때에 안의 인연이 나가는 것인가?

숨과 숨 아닌 것의 그 짧은 순간의 것은 밖[우주]인가, 안[나]인가?

이러는 동안 나는 그만 거대한 피라미드가 되어버렸다.

거기에는 다음과 같은 것만이 분명히 들어 있었다.

'괴로움이라는 것은 진실이다[苦諦]. 괴로움이라는 것이 진실이므로 괴로움덩어리라는 것이 진실이다[集諦]. 괴로움덩어리라는 것이 진실이므로 괴로움을 없애는 것도 진실이다[滅諦]. 괴로움을 없애는 것이 진실이므로 괴로움을 없애는 길이 진실이다[道諦]'라고 하는, 네 가지 거룩한 진리가 피라미드 안에 가득 들어 있었던 것이다.

'그대여,

괴로움이라는 것을 인정하라[苦].

괴로움덩어리라는 것을 인정하라[集].

괴로움이 없어진다는 것을 인정하라[滅].

괴로움이 없어지는 길이 있다는 것을 인정하라[道].'

여기에 진실로 거룩한 진리가 있다.

밤이 어느덧 새벽을 지나고 있다.

새벽비가 내린다.

한밤중에 창문을 열고, 낙엽 위를 재빠른 걸음으로 걸어 다니는 빗소리를 듣는다.

나는 괴로움을 괴로움으로 보았고,

나는 괴로움덩어리를 괴로움덩어리로 보았고,

나는 괴로움을 없애는 것을 보았고,

나는 괴로움이 없어지는 길을 보았다.

그 이외의 것은 나의 붓다도 나의 그리스도도 아니다.

부처님 찾아가는 길

집을 나와 꼬불꼬불

부처님 찾아가는 길—.

부처님 계신 곳 법당이라 하여

법당 가는 길이 꼬불꼬불.

헉헉거리는 숨소리마다 단풍나무 즐기며

이산 저산 고개 넘어 부처님 찾아가는 길.

우리 아들 이번 수능 잘 보게 해 주소서.

수능 잘 보면 좋은 대학 가고

좋은 대학 가면 출세하고

출세하면 성공하고

성공하면 얼마나 좋을까 하고 머리를 굴리다 보니

머리 속까지 꼬불꼬불.

내 잘 아는 주문이 하나 있는데 그거 영험하니

그 주문을 외워 당신 아들 이번 수능 잘 되게 나도 거들겠소.

우리는 법우니까 도반이니까 하고

나무관세음보살 108번.

능엄주 108번.

지난번엔 저산에서 했으니, 이번엔 이산 가서 소문난 약사여래불 뵙고

우리 남편 잔병치레 고쳐야겠다고 꼬불꼬불 부처님 찾아가는 길.

시어머니 보기 싫은 마음 부처님 뵙고 하소연 좀 하고,

자비한 마음 차용 좀 해야겠다 하고 또 꼬불꼬불.

법당 본존 부처님만으로는 아무래도 미심쩍으니,

이왕 용한 곳 찾아 발걸음 한 거 칠성각에도 절하고,

산신각에도 절하느라 한결 더 꼬불꼬불.

아니지, 이것만 가지고는 그래도 마음놓을 일이 아니지….

우리 스님에게 부적 하나 만들어 달래서 운전할 때 마음 든든, 만사불

여튼튼.

스님스님, 부적 영험 있는 용한 걸로 하나 써 주이소.

우리 스님 저 양반 덩실덩실, 암암, 보살님·거사님 어서어서 이 부적

써서 삼재 피하소.

자비한 마음으론 중생 중 스님이 으뜸이니, 시중에선 구할 수 없는 거

아주 싸게 드리오.

아하, 부처님 찾아가는 길 정말 꼬불꼬불.

누가,

언제부터,

왜⋯,

이런 부처님 길〔꼬불꼬불〕태연히 만들어 놨을까?

죄다 부처님이 가시지 않았던 길들인데⋯.

하라는 일은 안 하고 하지 말라는 일들만 잔뜩 골라 하니

웬 부처님 찾아가는 길이 이리 꼬불꼬불 한고!

유마, 땅을 치고 목놓아 울부짖네.

이 요망한 것들! 이 잡스러운 것들아,

나에게는 그런 것 들고 오지도 말고 찾지도 말아라!

片想26_

슬픈 가을하늘에

슬픈 마음에 하늘을 올려다본다.

가을 눈물이 따로 있어 뚝 떨어진다.

가을하늘에 내리는 눈물이다.

어제 점심에 보리밥집에 가서 보리밥을 먹었다.

방 가득히 모여 왁자지껄하지만,

모두들 입 안 가득 이것저것 집어넣고 씹어대느라

분주하다.

너무 바쁜 사람들….

군데군데 피워둔 모닥불보다 더 바쁜 사람들―.

어떤 사람은 인생을 철학적으로 이야기하고 있었고,

어떤 사람은 경제와 정치문제로 열변을 토하고 있었다.

그러나 그것은 바쁜 와중에 틈을 내어 말하고 있는 것이었다.

입안 가득 무언가 자꾸 들이밀고 씹고 삼키느라 바쁜 와중에 말이다.

산나물도 들어가고,

된장찌개도 들어가고,

시금치, 상추도 속속 들어간다.

아그작아그작 씹는 소리 요란한 가운데

별도의 철학과 정치는 멈추지 않는다.

목구멍 바로 넘기면 식도이고,

식도 바로 아래에는 위장이고,

위장에서 소처럼 찧어서 여기저기 분해하고 나머지는

더 아래로 내려가 화이트 홀로 빠져나간다.

이것을 반복하여 끊임없이 먹어대고 끊임없이 소화해 내야만

숨을 쉬고,

숨을 쉬어야만 편안하고,

편안해야만 이것저것 사고하고 말도 하게 되는 것이다.

우리는 땅을 직접 먹지 못한다.

땅은 흙으로 되어 있는데, 흙을 직접 먹지 못한다.

대신 흙에서 자란 나물과 곡식과 땅을 밟고 사는 짐승들을 먹고 산다.

어제 무슨 TV 건강프로그램에서 흑염소가 재료로 나오는 것을 봤다.

여자 한의사가 하는 말이 매우 걸작이었다.

이 재료를(흑염소) 섭취하면 몸에 어쩌고저쩌고….

그러니까 사람 몸뚱이 이외에는 하늘을 나는 것이건, 땅에 기는 것이건,

물속에 가라앉은 것이건, 다 건강음식의 좋은 재료인 것이란다.

나도 너도,

슬픈 사람들이다.

나는 어쩌다가 이런 사바세계에 와서 같이 살게 되었을까?

어쩌다가 병들면 그런 의사들을 찾아가서 고쳐달라고 하소연하게 되었을까?

땅은 직접 먹지 못하지만 땅에서 자란 것들은 먹을 수 있다는 것,

아니 먹어야만 하는 것은 무슨 의미일까?

슬픈 마음에 하늘을 올려다보니,

하늘을 내가 직접 훨훨 날 수는 없지만,

나는 그저 땅에서 1미터 70센티의 움직이는 조그만 산에 불과했다.

아,

빨리 생로병사를 해결해야겠다.

그래야 저들에게 생기는 생과 노와 병과 사를 내가 코치해 줄 수 있으니까…

사람들은,

생生이라 하니 '응애' 하고 태어나는 것만을 생각한다.

노老라 하니 그 '응애' 하고 태어난 아기가 늙는 것만을 생각한다.

병病이라 하니 늙은이가 아픈 것만 생각한다.

사死라 하니 산 사람이 목숨 끊어지는 것만 생각한다.

흑염소 잡아서 나 건강해지고, 기운 왕성하여 홍콩가게 만들고 싶다 하는,

그 한생각이 생인 것을 모른다. 노병사도 이와 같다.

쯧쯧….

도道

도道.

도를 닦는다고 하는 道.

도道란 과연 무엇일까?

그대는 아는가?

알아서 도道를 닦는가?

알아서 도를 닦는 사람이 어디 있냐고?

….

도 닦는 것을 수행이라고도 하는 것 같다.

수행修行이라는 것은 도道를 닦아〔修〕간다〔行〕는 말이다.

그러니까 도道를 알아야 한다.

알고 닦든 모르고 닦든 도道이니까, 도道란 무엇인가? 하는 말은 피할 수 없다.

이에 대한 대답은 만일 인구가 60억이면 답이 최소한 60억 가지이다.

그 중에서 어느 것이 정답일까? 그러나 정답은 없다.

꼭 정답을 찾겠다면 전쟁을 하거나 이웃과의 마찰을 결행해야 한다.

그렇다고 정작 정답이 나오는 것도 아니다.

정답을 찾으려면 전쟁이 꼭 일어나야 한다는 것이다.

나라마다 틀리고 사람마다 틀린 것이 이 도道인데,

나라마다 주장하고 사람마다 주장하는 것이 이 도道이다.

그런 의미에서 이 유마의 도道를 말한다.

전쟁은 피할 수 있을라나…,

만일 그대가 나의 도道를 비난하고 싶다면,

전쟁까지 불사하겠다는 것이 아님을 미리 알고 있기를 바란다.

그대가 나와 같은도를 가지지 않는다고 내가 고통스럽지는 않으니까.

나의 도道는 맥박이다.

나는 나의 도道를 항상 맥박에서 찾는다.

내가 시계를 안 차고 다니는 이유는,

　시계를 차면 맥박이 시계 줄을 돌고 나오느라 흐려지는 것을 두려워하
기 때문이다.

왜 맥박이 도道인가?

맥박만이 온전히 행行하기 때문이다.

나에게서 맥박을 제외하고서는 행行이 무엇인지를 알 수가 없다.

온몸을 끝없이 돌고 도는 증거로서 이 맥박이야말로 나의 틀림없는 도

道이다.

나는 온종일 이 도道에만 의지하고 산다.

어떤 사람은 나에게 와서 부처님 전에 절을 하는 것을 행行으로 삼아라 한다.

어떤 사람은 나에게 와서 아미타부처님을 염念하는 것을 행行으로 삼아라 한다.

어떤 사람은 조주 무無자를 드는 것을, 어떤 사람은 덮어놓고 방하착放下著을,

어떤 사람은 다라니를, 어떤 사람은 경전 암송을 행行으로 삼아라고 한다.

어떤 때에는 그들마다 '오직 이 길道뿐'이라고 단정하기를 마다하지도 않는다.

과연 나는 그리한다.

안 하는 것이 아니다.

부처님 뵙는 곳에 서면 절을 안 할 수도 없으니 절을 한다.

그런데 그 사람에게는 내가 하는 절이 절로 보이지 않는 모양이다.

108배 아니면 3천배쯤 해야 절이 절다운 모양이다.

초겨울의 찬 허공에 걸린 달빛을 보면서 나는 아미타부처님을 생각한다.

영락없는 아미타부처님의 광영이니 아미타부처님을 생각[念]하지 않

을 도리가 없지 않은가? 그런데 그 사람에게는 나의 이 염송念은 염불이 아닌 모양이다. 하루에 한 10만 번쯤, 100일 정도는 해야 비로소 염불이 되는 모양이다.

몸이 병들고 마음이 오지게 아플 때에 나는 제법무아諸法無我를 관찰한다.

몸은 사대四大가 모여서 이루어진 것이니, 인연이 흩어지면 따라서 흩어지는 것인데,

어찌 무아無我가 아닐 것이며, 마음의 생주이멸生住異滅도 그러하니, 도리 없이 무無를 부여잡지 않을 수가 없지 않은가? 그런데 그 사람에게는 나의 이 무無는 활구活句가 아닌 모양이다. 머리에 화롯불이 타듯, 고양이 쥐를 노리듯 밤낮으로 오매불망하지 않기 때문에 이 무無가 그 무無가 아니라는 모양이다.

때때로 나는 손에 무거운 가방이나 짐을 들고 갈 때에는, 어느 곳에 이르러서는 누가 그렇게 하라고 시키지 않아도 저절로 반드시 내려놓게 되는데〔放下着〕, 그 사람에게는 그것이 방하착이 아닌 것으로 보이는 모양이다. 그런 것은 누구나 하는 자연스런 일이지, 그게 무슨 방하착이냐고 하는 모양이다. 그렇다고 내가 일부러 방하착을 따로 들고 다니랴?

까닭 없이 잠이 안 오고 축 늘어질 때엔 능엄주도 마다 않고 읽어 내린다. 쓸데없는 공상으로 엎치락뒤치락 하느니 잠도 잘 오고 좋지 않은가? 그야말로 다라니의 공덕을 톡톡히 보는 셈이다. 그런데 그 사람에게는 그

건 다라니를 行하는 것이 아닌가 보다. 부처님 앞에서 향을 사르고 단정히 앉아 한 108번쯤은 해야 다라니 한다고 하는 모양이다.

높은 곳에 있을 때나 의념의 화염에 쌓여 있을 때에나 가지가지 환난에 있으면 꼼짝없이 나도 「관세음보살보문품」을 암송한다. 그런데 그 사람에게는 『금강경』쯤 해야 뭔가 일어나도 일어난다고 생각하는 모양이다.

그러나 나에게 으뜸의 도道는 단연 맥박이다.

목숨 있는 이 치고 맥박 없는 이 없고, 맥박 있는 이 치고 도道가 없는 이가 없고, 도道가 있는 이 치고 行이 없는 이가 없는데 사람들은 왜 자기는 도道를 수행하지 않는다고 할까?

맥줄기를 따라 때로는 고르게, 때로는 거칠게, 때로는 온화하게, 때로는 차갑게, 오르고 내리는 맥박이야말로 내가 가는〔行〕 유일한 도道라는 것을 알고 있다. 나는 이 맥박을 통하여 그 옛날 그 분의 80수의 노쇠해진 몸에 끝까지 울려 퍼지던 그 맥박을 느낀다.

그 맥박소리는 이러하다.

자등명自燈明
법등명法燈明 하여
정진하라.

片想 28__

참 나〔眞我〕, 어이가 없어서

하,

방금 난,

온 우주에 매달았다.

장엄된 깃발은 아니지만,

그래,

분소의로 만든 헝겊이지만,

매달았다.

제행무상諸行無常

제법무아諸法無我

열반적정涅槃寂靜의

깃발을….

누가 이 깃발을 냄새나는 시체 싸던 헝겊(분소의)이라 하여,

고개를 돌리랴!

번幡과 당幢과 향香으로 장엄되지 않았다 하여,
합장을 하지 않으랴.
하물며 도리어 멈추게 하거나
이것이 나다 하거나 하여
시끄럽게 굴어 깨기라도 하겠단 말인가?

큰스님이 하시겠소?
아니면 작은 스님이 하시겠소?

이 깃발에서 벗어나 참 나[眞我]를 외치거나,
이 길[道] 가면[行], 저 언덕 너머에 무엇이 있다고 외친다면,
모조리 석종釋種이 아니리!

비추어 볼 거울 없이 화장을 하려고 하면
연지와 곤지가 너덕너덕 붙어 있는 꼴 못 피해.

밖에 있는 저 부처님께 108배 하면 보여줄까 참 나를….
삼천배를 십 년 하면 나올까 참 나가….
과연 언어의 길 뚝 끊긴 자리일까, 참 나가….

설레설레.
그거 다 벗어난 말.

천 리나 만 리는 족히 벗어난 말.

제행무상은 그대로 진실한 것.

가고가고 또 가면 무엇이 따로 나올 것이 아닌 것.

그러므로 제행이 무상인 것.

제법무아는 그대로 여여 如如한 것.

닦고닦고 찾고 찾으면, 따로 무슨 참 나〔眞我〕 같은 것이 있다는 말이 아닌 것.

그러므로 제법이 무아인 것.

열반적정은 그대로 여여한 것.

열반하면 비로소 적정한 것이 아니라, 열반 그대로가 적정이고, 적정 그대로가 열반인 것.

하,

방금 난,

온 우주에 매달고 왔네.

아무도 장엄해 주지 않는 시체 싸매는 분소의로 만든 헝겊에

諸行無常

諸法無我

涅槃寂靜을—.

석종釋種 아닌 무리들은 몰라.

이런 말하면 네가 부처님이냐 하고,

이런 말 들으면 얼굴이 붉으락푸르락하며
대번에 이무기의 꼬리를 내밀어 힘껏 내리치지.
그럼, 여기 오는 그대는 어떠하신가?
과연 나와 같이 똥무더기 싸맨 헝겊에
당과 번과 향으로 장엄해 주는 사람 없이
온 우주에 이 깃발 매달을 수 있으려나?

아니면 이거다 저거다 말씀 마시고,
조주 무無자를 쳐들어 부처를 죽이려거나,
아침저녁으로 108배,
백 일 동안 3천배,
이것도 착着, 저것도 착이니, 덮어놓고 방하착 하시려나?

다 좋은데 그래서 참 나[眞我] 같은 걸 가져오지나 마시게.
그런 것 없다네.

마음법 아는 사람은

죄의 성품 스스로 없어 마음따라 일어나니罪無自性 從心起,
그 마음 만일 사라지면 그 죄 또한 사라지네心若滅時 罪易亡.
죄와 마음 알고 보면 다 같이 텅 비어 있는 것罪亡心滅 兩具空,
아는 사람은 이를 일러 참다운 참회라 한다네是即名爲 眞懺悔.

마음법 아는 사람은 꿈속에서 지은 아주 자그마한 죄도 수미산같이 두려워하고.

마음법 아는 사람은 금생과 지난 과거 세세생생에 지어 온 수미산 같은 죄도 티끌같이 여긴다. 이는 마음의 공성空性을 익히 보아 알기 때문이다.

저 마음법 모르는 사람이, 꿈속의 죄는커녕 속생각으로 은밀히 지은 죄나 말로 지은 죄, 몸으로 지은 죄, 뜻으로 지은 커다란 죄까지도 가볍게 여기어 대수롭지 않게 취급하는 것에 견주어 보라.

저 마음법 모르는 사람이 자기가 저지른 큰 죄의 한량없는 무게에 짓눌려 밤마다 태산 같은 가위에 눌리며, 깨고 나서도 헐떡이며 물을 찾는 것에 견주어 보라.

　이는 모두 마음의 공성空性 대신 형상을 보고 쫓기 때문이다.

　그러면서도 부처님 얻어들은 인연은 있어, 다 자기가 지은 죄의 과보라며 참회한답시고 아침 일찍 목욕재계 한다. 그리고 하루에 108번 또는 3천 번씩, 삼칠일(21일)이나 또는 백일을 기약하여 절을 하며 부처님 이름을 부르고 또 부른다. 그렇게 하며 업장소멸 한다고 하지만, 사실 그것이 무슨 소용 있으랴!

　그것은 다스림도 이해함도 아니다. 잘 쳐줘야 그저 참는 정도나 극기에 불과하고, 오히려 육단심만 잔뜩 키워, 자칫 고행의 업만 되려 늘어날 뿐이다. 저 육단심의 강화를 통해 자칫 아만심이나 교만심의 무서운 상만 두터워져 간다.

　이것이 무슨 부처님의 가르침이고 영험이겠는가? 그러면서 속으론 부처님 영험 없다고 원망까지 하면, 겨자에 겨자를 더하여 먹는 것과 같아 눈물만 더 흘러내린다.

　참으로 마음법 모르는 그대여, 금생에 꿈속의 가위눌림은 참을 수 있을 것이다. 그러나 지옥의 그 모진 고초는 어이 참을 수 있겠는가? 그때 혹독한 고초 속에서도, 이것은 내가 지은 것이니 참아야 한다고 생각할 수 있다고 보는가? 그건 마치 젊고 건강한 사람이 죽음을 가볍게 여기거나 아무것도 아니라고 생각하는 것처럼 의심스러운 각오이다. 막상 일이 닥치면 장담할 수 있는 일이 아니다.

마음법 아는 사람은 죄를 아니 보고 마음을 본다.

마치 던져진 뼈다귀를 아니 물고 던진 사람을 바로 무는 저 사자獅子처럼….

마음법 아는 사람은 마음을 보고 죄를 본다.

마치 저 눈 있는 사람이 손가락을 보고 곧 달을 보는 것처럼….

마음법 모르는 사람은 마음은 아니 보고 지은 죄만 본다.

마치 던진 사람은 놔두고 던져진 뼈다귀를 물고 늘어지는 개나 여우처럼.

마음법 모르는 사람은 그러기 때문에 마음도 못 보고 죄도 못 본다.

마치 소경이 손가락도 못 보고 달도 못 보는 것처럼.

마음법 모르는 사람은 그러기 때문에 마음은 마음대로 괴롭고,

죄는 죄대로 남아 사라지지 않는다.

어찌 밤마다 날마다 초라해지지 않으리오!

가히 수미산으로 짓눌림이 그치지 않는다 함은 이와 같기 때문이다.

그대여, 살인이나 살생을 했는가?

주지 않은 것을 가졌는가?

불륜의 사랑으로 주변을 어지럽게 했는가?

거짓말로 박박 우겨댔는가?

술과 마약으로 정신을 흐릿하게 방종했는가?

자, 이제 마음의 공성空性을 보라.

그 마음도 공하고 이 마음도 공한 것인데,

공空끼리는 암만 주고받아도 다 공空이다.

이를테면, 여기 둥근 공이 하나 있는데, 그 속에 볏짚을 넣어도 공이요,

똥과 오줌을 넣어도 공이요, 산소를 넣어도 공이다.

그 공을 그대와 내가 암만 주고받아 봤자 공은 공일 뿐이지 않는가?

땅에 떨어져도 공이요 허공에 떨어져도 공인데,

어이하여 그대는 이 공을 안 보고 볏짚만 보며, 똥무더기만 보며,

공기만 보고, 땅에 떨어진 것만 보고 허공에 걸린 것만 보는가?

그런 형상들은 이 공이 보면 다 허망한 것,

허망한 까닭에 내용물을 꺼내고 다시 채움이 무상無常하고 무아無我한 것임을 알면,

모든 형상이 형상 아님을 비로소 알게 되리라.

凡所有相皆是虛妄, 모든 형상은 다 허망하니

若見諸相非相 卽見如來, 그 모든 형상이 형상 아님을 보게 되면, 즉시 여래를 보리라.

힘을 내시라. 비록 세상일에는 흥망성쇠가 있어도 마음을 보는 것에는 흥망성쇠가 없어 실패함이라는 것도 성공함이라는 것도 아예 없다.

실패함이 없는 일이니 반드시 이룰 것이요, 성공함이 없으니 반드시 퇴락하지 않을 것이다.

마음만 보면 응당 마음법을 아는 자이고, 따로 아는 자[善知識]를 기다리거나 찾을 필요도 없다. 밖의 선지식은 때와 시절을 보아야 하지만, 안의 이 선지식은 때도 시절도 없이 시시때때로 만나보는 것이니, 이 아니 큰 기쁨이랴!

더 이상 두려워하지 마시라.
그대의 두려움은 더 이상 비밀스런 주문이 아니다.
두려움은 아주 허망한 한갓 형상인 까닭에…,
마치 볏짚으로 만든 인형 같다네.

片想 30__

성질머리

난 체질적으로 가부좌가 안 되어 늘 반가부좌로 앉아 있곤 했다. 젊었을 때 운동을 하다가 양쪽 발목을 심하게 다쳐 깁스를 하고 2개월을 있었던 때문인지, 가부좌를 하면 발목 통증이 여간 아니다. 지금도 날만 습하면 발목이 쑤셔대는 통에 마누라가 때아닌 고생을 하곤 한다. 그래서 항상 반가부좌로 만족했어야 했는데, 경전을 대할 때마다 반가부좌가 아닌 가부좌로 앉아 법을 설하시는 부처님 모습을 생각하면, 내심 불만이 크다.

가부좌는 모양 그 자체만으로도 외도와는 구별되고, 위의威儀가 있어 보는 이들로 하여금 저절로 고개를 숙이게 하고, 오래 앉을 수 있어 편하며, 호흡이 저절로 자연스럽고, 삼매의 형상을 나타내기 때문에 마구니의 접근을 어렵게 하므로 항마降魔의 자세이기도 하다. 그런데 발목이 꼬이는 것이 안 되어서 반가부좌로 연명(?)해야 하는 것이 불만이어서 지난 여름 이후 독한(?) 마음을 먹고 가부좌를 틀어 보았다.

역시 5초도 안 되어 식은땀이 날 정도로 발목이 뒤틀리게 아파 온다. 이를 악물고 손으로 발목을 들어올려 가며 버텨 보았더니, 억지로 일 분 정도는 버틸 수 있었다.(이후부터 좌선을 할 때엔 꼭 시계를 보는 습관이 그만 생겨버렸다. 몇 분이나 버텼는지 얼마나 대견했으면…)

일 분 가지고는 좌선을 할 수 없으므로 몇날 며칠 연습에 연습을 거듭하는 맹연습을 했지만, 도저히 앉아 있을 수 없어 체질적인 어려움으로 입장정리하고 포기하려 했는데, 어느 날 반가부좌도 못하고 그냥 책상다리로 꼬아 앉아 좌선하는 사람을 보고 용맹심을 내기로 큰맘을 먹었다. 사람이 뜻은 있으되 형편이 안 되어 뜻을 굽힐 경우가 더러 있지만, 그렇다고 하여 늘상 형편에 부합하기만 한다면 게으름과 별반 다름이 없지 않을까 하고는, 훗날의 인연을 위해서도 이 형편은 극복해 둬야 스승으로 하여금 번거롭게 하지 않을 것이라 생각하고 반가부좌를 버리고 가부좌 트는 연습을 매일 조금씩 했다.

좌선하면서 오만가지 인상을 짓고 앉아 있을 모습을 상상해 보시라. 병으로 인한 몸의 고통은 차라리 관법으로 처리할 수 있을지 몰라도, 이렇게 자세가 불편한 데서 오는 고통은 글자 그대로 번뇌의 요람이다. 왜냐하면 자세만 바꾸는 아주 간단한 동작 하나로 금방 피할 수 있는 괴로움이기 때문에 유혹이 이만저만 막심한 게 아니다. 심지어 TV를 볼 때에도 일부러 가부좌를 틀고 바닥에 앉아 시청하는 등, 기회만 있으면 가부좌 트는 연습을 해댔다.

덕분에 지금은 반가부좌보다도 가부좌가 더 편한 자세가 되었다. 20분은 크게 참지 않아도 버틸 수 있게 되었으니까 반가부좌와 번갈아가며 하면 그럭저럭 할 만하다. 그러고 보니 확실히 가부좌가 좌우 균형을 맞추는 데 절묘한 것임을 알 수 있었다. 역시 사람의 마음성품은 숲속의 길을 내는 것과 같다.

숲속에서 한 길로만 계속 가면, 어느 샌가 거기엔 오솔길이 생기는 것이다. 늘 지나다니던 오솔길을 버리고 다른 길을 가도 마찬가지이다. 그런데 사람들은 새 길은 잘 안 가려고 한다. 마음에도 성질이 있기 때문이다. 그 성질머리대로 하려는 고집까지 갖추어 있다면 그 길은 좀처럼 없어지지 않는다. 불교는 마음[識]의 종교이다. 잘못 됐거나[살생 등] 낙후된[양변兩邊사상 등] 관습은 고치고 바른 관습을 마음으로 익히는 것이 바로 불교이다.

어떤 때는 좌선이 안 될 때가 있다. 어쩐지 마음집중이 뜻대로 안 되고 호흡마저 가파르다. 그러나 그것도 다 마음이 하는 일이다. 그럴 때는 좌선자세를 유지한 채 두 손을 살그머니 무릎 위에 올려놓고 천천히 손가락을 꼼지락거린다. 이 놈의 마음이 갈팡질팡하여 할 일을 모르니 할 일을 가르쳐 주는 것이다. 손가락을 아주 천천히 꼼지락거리면 마음이 영락없이 손가락에 가지 않을 도리가 없게 된다. 그 손가락 끝에 가 있는 마음을 어진 목자가 양 떼들을 좋은 길로 인도하여 몰고 오듯이, 서서히 손목을 통하여 팔뚝을 통하여 자기가 원하는 곳에 마음을 끌어오게 되면, 바로 그곳이 삼매의 자리이다.

마음의 성질머리는 고약하다.

본래 고약한 것은 아니지만, 하루 이틀이 아니라, 천년만년을 지나 억만년을 매양 형편이라는 관습의 길을 갔던 것이니, 어찌 고약해지지 않을 수 있으랴! 그대가 그것을 잘 이해하여 마음을 다스리면 일념에 억겁이 하옥下獄되는 도리를 알게 되리니, 이것을 일러 일념돈탕진一念頓蕩盡이라 한다. 마치 오래된 대지의 목마름을 단비 한 번으로 다 축이듯이, 거리 구석구석의 쓰레기와 먼지들을 한 번의 빗물이 다 쓸어버리듯이, 단 일념에 마음의 때를 남김없이 싹 쓸어버리는 대사大事를 이 세상에 다시 어디 가서 찾을 수 있으리요. 이 일은 오직 예수가 아니라 오직 부처님 가르침으로만 되는 일이니, 가히 천상천하유아독존天上天下唯我獨尊이다.

모름지기 자기 마음이라 하여 함부로 방치하거나, 우습게 보면 큰 코 다치니 조심하고 또 조심할 일이다.

불자의 화두

불자라면 응당히 자타에게 준엄하게 물어야 할 일이 있다.

계戒와

정定과

혜慧가 바로 그것이다.

불교에는 화두話頭라 하여 일종의 공안公案과 같은 것이 있다. 공안이라는 것은 준거법칙 같은 것을 말한다. 준거법칙은 왕과 백성이 나는 왕이며, 나는 그 나라의 백성이다라고 하는 기준을 말한다. 즉 아무나 왕이고 아무나 백성이 되지 못한다. 그러려면 어떤 준거법칙이 반드시 필요하여 그에 합당한 경우에만 왕이 되고 백성이 되어야 한다. 왕이나 백성이 잘났든 못났든 이 준거법칙을 표준으로 하여 이는 우리 왕이니, 이는 우리 백성이니 하게 되는 것이다.

부처님은 불교의 가장 우두머리이시니 곧 화두話頭이시다. 화話는 교教의 나온 곳을 말함이니, 곧 부처님의 장광설(長廣舌 : 부처님의 32상 중의 하나. 혀가 길어서 코를 덮을 뿐만 아니라, 이마의 머리털 경계선까지 덮는다.)에서 나온 말씀이 곧 화話이고 두頭는 으뜸을 삼는다 하는 것이므로 불교는 부처님을 으뜸으로〔화두로〕삼는 종교인 셈이다.

이 부처님의 화話는 훗날에 각양각색의 물감이 뿌려져서 오늘날의 '천 칠백 공안'이라는 화두가 생겨나게 되었다. 사실 어찌 '천칠백 가지 공 안'뿐이겠는가? 다만 큰 것만 골라 구색을 맞추어 놓은 것이 그럴 뿐이 다. 이를테면, 장사꾼이 장사를 하려고 좌판을 벌여 놓을 때에 가장 사람 들에게 알맞을 물건만을 먼저 진열해 놓듯이 우선 중생들의 인연과 알맞 은 것들로만 숫자로 하면 대략 천칠백 가지쯤 된다 하는 말이다.

그런데 이 천칠백의 공안을 줄이고 또 줄이면 108가지의 번뇌에 해당 하고, 이 108가지를 줄이고 또 줄이면 팔정도와 육바라밀다에 해당하고, 육바라밀다를 줄이면 삼학三學에 해당하는데 그것이 바로 계戒와 정定과 혜慧인 것이다. 만일 계와 정과 혜가 없다면 팔정도나 육바라밀다를 설정 할 필요가 없고, 육바라밀다가 없다면 108번뇌가 조복될 수도 없고, 조복 할 108번뇌가 없다면 굳이 한 가지의 공안인들 필요도 없을 텐데 하물며 천칠백 가지 공안까지 무슨 소용 있겠는가?

그러면 화두, 즉 공안은 그것을 주고받는 것이 다 인증된 관공서의 문 서를 주고받듯이 하지 않으면 효력이 없으므로, 화두를 주는 사람이나 받 는 사람이 다 준거법칙에 합당하지 않으면 안 되는데, 이 준거법칙이 바로 '계와 정과 혜'의 삼학이라는 것이다.

화두를 주고받을 때에는 먼저, 받는 사람이 눈을 똑바로 뜨고 있어야 하고, 주는 사람도 눈을 똑바로 뜨고 있어야 한다. 이 똑바로 뜬다는 것이 바로 '계와 정과 혜'라는 것이 아니겠는가? 작금의 불자들이 화두, 화두 하면서 화두만 받으면 되는 듯이 하는 것은 다 기본으로 계와 정과 혜가 고루 갖추어져 있다는 전제 하에서 가능한 말이다.

계가 없으면, 절대 마음의 적정함을 얻을 수 없고, 마음이 고요하지 않으면 결코 맑은 바닥이 드러나지 않으니 수레 오백 대가 지나는 흙탕물에서 깨끗한 물을 구하는 것과 같아 천만년이 지나도 이룰 수 없는 일이다.

그러므로 근본은 계이다. 불교의 근본은 계인 것이다.

그리고 계의 근본은 불살생不殺生이고,

불살생의 근본은 초발심이며,

초발심의 근본은 여래의 마음이다.

여자이든,

남자이든,

축생이든,

귀신이든,

하늘신이든,

지옥중생이든,

그가 만일 초발심만 가져 문득 삼보께 귀의하기만 한다면, 바로 알아야 한다. 그는 바로 부처님이 주住하시는 마음이므로 천상천하에 이를 깨뜨려 파할 존재는 없다. 불자는 반드시 처음 마음〔초발심〕에 곧 바로 살생의 습관을 멀리멀리 버려야 한다. 아주 작은 개미 한 마리라도 살리려는데 힘쓸지언정, 눌러 죽여버리려 하면 안 된다. 육식의 업습을 당장은 어찌 하지 못한다 하더라도, 집에 있든지 산에 있든지, 제 손으로나 남으로 하여금 죽이게 하여 그 살코기를 취하지 말아야 초발심을 가졌다 할 것이다.

그런 의미에서 직접 죽여 먹어야 하는 생선회 등은 비록 그 혀에 감도는 맛이 아롱거릴지라도 혓바닥에 묻어 있는 업습이라 생각하고 돌아서야 한다. 그렇다고 고기를 먹을 때마다 죄의 마음에 사로잡혀 입안에서 우물거린다면 그는 방편으로도 구할 수 없다.

이것이 살생에 해당하는가 아닌가는 초발심에 물어 보아서 판단할 일이다. 살殺에는 일정한 객관적인 지표가 있는 것이 아니라, 늘 상대적인 좌표에 놓인 개념일 뿐이다. 그대의 초발심에 묻어 있는 그만큼만 살殺은 보이는 것이니 바로 그 살을 살피라고 하는 말이 이리 길어졌다.

삼가 스스로와 여러분의 초발심을 묻는 바이다.

다시 한 번 제법무아諸法無我 위에 서서

그것을 아는지….

산밑에 있을 때에는 저 거대한 산을 어떻게 내가 넘을 수 있을까 하고 압도당하는 느낌이 들지만, 막상 이러구러 산을 올라 정상에 섰을 때에는, 더 이상 없는 오를 봉우리도 쳐다볼 정상도 없다는 것을….

벌레가 씹다 버린 나뭇잎에 마침 아침 햇살을 머금은 이슬이 맺혀 그 위에 고운 금빛을 부셔 놓은 듯 햇빛이 머문다면, 나뭇잎은 저 무례한 벌레에게 씹혀 먹힌 상처를 따뜻하게 위로 받게 된다고 여길 때, 어쩌면 그게 나일까?

두 무릎을 곧추 세워 그 사이에 얼굴을 푹 파묻고 생명을 증명하는 것으로써 '나의 일생'을 조각하고 펼쳐놓고 편집하고, 그 일생 위에 아로새겨지는 사랑과 배반, 분노와 허탈, 더 나아가서는 굴종에 익숙해질 때까지의 체념들을 운명이라 여기며 우뚝 고개를 쳐든다고, 어쩌면 그게 나일까?

지구 저편 습기 찬 열대성과 어우러져 갑자기 포악해진 폭풍처럼 조합된 에너지를 가지고 의식주를 멋들어지게 해결하고 돌아와서는 따뜻한

커피 한 잔에 주의보가 해제된 것처럼 아늑하게 소파에 드러누워 느즈막한 로맨스에 기대어 시 한편을 읽는다면, 어쩌면 그게 나일까?

도대체, 도대체 왜 당신은 나에게 와서조차도 '나'는 없다고 하였단 말인가? '내'가 없다면 이 '나'는 무엇이고 나에게 와서 조차 '내'가 없다고 말하는 '당신'은 또 무엇이란 말인가? '내(我)'가 진정 없다면 그래, 그 궁극의 깨달음은 누가 하는 것이며, 그 깨달음은 누구의 것이란 말인가? 깨달음이 있다고 한다면, 깨닫는 누군가가 있을 것이고, 누군가가 깨달았다면 그 깨달음은 그의 것이 아니고 무엇이란 말인가?

우하하하하!

내 그대에게 묻노라. 왜 꼭 깨달음을 내가 해야 하고, 왜 꼭 깨달음이 나의 것이어야만 하는가? 저기, 저이가 깨달아도 되고, 깨달음은 그의 것이라고 인정해 주면 되지 않는가? 그래서 그대는 지금 그를 붓다라고 부르며 두 손 모으고 귀의하지 않았던가? 그렇다면 똑같은 수고를 한 번만 더 하시게나. 저 사람이 깨닫고, 그 깨달음이 그의 것이라고 하면, 아침에 일어나 처음 본 그 이가 붓다인들, 혹은 가끔 보는 이가 붓다인들 무어가 다를까? 하고 생각해 보았다.

생각은 파편을 지어 이리저리 질서 없이 몰려 나가는 밤이다. 그래서 편상片想 아닌가!

그대여, 무아無我라고 했다고 꼭 내가 깨닫지 못하면 나의 깨달음이 없을 거라고 생각하지 마라. 그것은 철없는 아이의 두려움이다. 남의 것은 나에게 은근히 불안을 주게 하는 곳, 그곳이 바로 이곳 사바세계이다. 다만 업으로 인하여 그렇게 보이는 것일 뿐, 생각을 고쳐 먹으면 바로 이곳이 티끌 하나 없이 장엄하게 꾸며진 불국토이며, 늘 부처님이 상주常住하시면서 설법하시는 곳, 상적광토常寂光土이다. 바로 이 사바세계가 말이다.

　무아라고 했다고 무아에 빠져 무아를 물고 늘어지지 마시라. 그럴까봐 제법무아라고 하신 것을….

片想 33__

종연終緣에 부처

이 세상은 그 자체가 여러 인연의 화합으로 생겨난 것이다. 그 중에서 사람들의 만남은 때론 우연을 가장하기도 하지만, 그것 역시 다 인연에 의하여 만난다. 인연의 양상을 다 말하려면 그야말로 바닷물을 먹물로 삼고 하늘을 종이로 삼아 쓴다 하더라도 다 말할 수는 없을 것이다.

사람의 만남과 헤어짐은 다 인연의 생生과 인연의 멸滅에 의하여 만나기도 하고 헤어지기도 한다. 어떤 인연들일까? 대충 넷으로 줄여 말한다면 다음과 같다.

첫째는 은혜를 갚으려고 만나고 헤어지는 것이 있다.

부모자식으로 인연지어져 만나고 헤어지기도 하고, 부부나 연인의 모습으로 만나고 헤어지기도 하며, 형제자매나 친구, 심지어는 원수 사이로 만나서까지 은애恩愛를 갚는 경우가 있다. 이 경우 갚는 쪽의 정성이 심히 지극하여 남 보기에 정성이 지극하기 그지없다. 자식은 덤덤한데 부모가 안절부절못하여 사방팔방으로 자식을 먹이고 입히는 것은 부모가 자식에게 진 은혜를 갚기 위한 것이고, 부모는 덤덤한데 자식이 지극한 정성으로 밤낮으로 모시며 떠나지 않는 것은 자식이 부모에게 그 언젠가의 은혜를 갚는 것이다.

부부나 연인의 경우 한쪽은 덤덤한데 다른 한쪽이 그야말로 없으면 못 산다는 것이 고백만이 아니다. 실제로 따라 죽기까지 하면서 애정을 나타내는데 역시 언젠가 받은 은혜를 갚기 위하여 태어난 목숨들이다. 그 목적이 없어지면 자기의 목숨까지도 당연히 없애 버리는 것이다. 심지어 원수로 태어나서 은혜를 갚는 경우가 있는데, 평생을 곁에 머물면서 경쟁의 상대가 되어서 그의 정진을 도와 마침내 큰 성취를 보게 하고서는 슬그머니 목숨을 마치거나 떠나버리는 경우가 그것이다.

둘째는 원한을 갚기 위하여 만나고 헤어지는 경우이다.

부모자식으로 인연지어져 만나고 헤어지기도 하고, 부부나 연인의 모습으로 만나고 헤어지기도 하며, 형제자매나 친구, 심지어는 원수 사이로 만나서까지 원한을 갚는 경우가 있다. 이 경우 갚는 쪽의 앙갚음이 심하여 남 보기에 안타깝기 그지없다. 부모에게 원한이 있어 그 자식으로 태어나자마자 큰 병을 앓아서 어미아비로서 차마 받을 수 없는 커다란 상처를 준다. 어쩌다 나으면 이번에는 자기 몸을 병신으로 만들어서 부모 마음을 처량하게 하고, 장성하여서는 부모의 힘을 눌러 구타하거나 괴롭게도 한다.

또 어떤 경우에는 심히 단정하고 어여쁜 모습으로 태어나서 주위 사람들로 하여금 칭송하게 하고 그러한 자식을 자랑스러워하고 극진히 사랑하게 한 다음 이유 없이 불에 타 죽어 버리거나 물에 빠져 죽거나 하는 등

요절해 버림으로써 부모의 마음을 갈갈이 찢어 놓는 경우가 있다. 이 역시 그 언젠가의 원한을 부모에게 갚는 경우이다.

부부나 연인의 경우에도 마찬가지이다. 갚는 쪽이 다른 갚음을 당하는 쪽의 이상형으로 태어나서 운명적이니 어쩌니 하면서 사랑하게 만들어 놓고 가지가지 모양으로 마음을 안타깝게 하거나 상처를 주거나 하여 마치 귀신에게 홀린 것처럼 꿈에서까지 제대로 잠을 못 이루게 한다. 그러다가 홀연히 정조를 다른데 흘려 버림으로써 상대로 하여금 주저앉아 걷지도 못할 정도로 맥빠지게 하는 등 실로 그 갚는 정도가 악랄하기 그지 없다. 그러다가 뉘우치고 돌아와 "진실로는 당신만을 사랑합니다"라고 고백하면서 용서를 받은 다음에는 돌연히 요절까지 하면서 그에게 앙갚음을 마저 하는 것이다. 이런 것은 다 그 언젠가의 원한을 갚는 경우이지 결코 운명적인 사랑이 아니다. 그 원한이 무거우면 평생을 가며 가벼우면 2~3년 나타났다가 헤어진다.

셋째는 빚을 갚으려고 만나고 헤어지는 경우이다.

이 또한 부모자식으로 인연지어져 만나고 헤어지기도 하고, 부부나 연인의 모습으로 만나고 헤어지기도 하며, 형제자매나 친구, 심지어는 원수 사이로 만나서까지 빚을 갚는 경우가 있다. 이 경우 갚는 쪽의 정성이 심히 지극하여 남 보기에 지나치다 할 정도로 지극하기가 그지없다. 가난한 부모를 대신하여 처녀인 자기 몸을 팔기도 하며, 땡전 한 푼 없는 연인을 위하여 자기 정조를 파는 경우 등이 다 여기에 해당된다.

아프면 병수발로, 부자면 진리를 전하는 사람으로, 음란한 사람이면 창녀와 같은 짓으로, 수행자이면 도반으로 태어나서까지 그 빚을 알뜰하게 갚는다. 심지어는 원수로까지 태어나서 빚을 갚는데, 상대에게 나의 살과 피를 발라 먹임으로써 빚을 갚는다. 그 짐이 무거우면 평생을 가고 가벼우면 잠시 나타났다가 사라진다.

넷째는 빚을 받으려고 만나고 헤어지는 경우이다.

부모자식으로 인연지어져 만나고 헤어지기도 하고, 부부나 연인의 모습으로 만나고 헤어지기도 하며, 형제자매나 친구, 심지어는 원수 사이로 만나서까지 지은 빚을 받아내는 경우가 있다. 이 경우 받는 쪽의 핍박이 심하여 남 보기에 가혹하기가 그지없다. 부모는 손발이 부르트게 평생 벌고 또 벌어 가져다 주지만, 자식은 낭비벽이 심하여 도박이나 술이나 계집질로 벌어오는 족족 받아 써버린다.

만약 주지 않으면 부모의 주머니를 훔쳐 털어서라도 가져간다. 부부나 연인 사이에도 마찬가지로 빚이 가벼우면 중간에 인연이 다한 것이니 헤어지고, 빚이 무거우면 한평생 그러한 사이를 떠나지 못한다.

그러나 어찌 이 네 가지뿐이겠는가? 또한 이 네 가지는 따로따로 독립하여 운전하는 것이 아니고 대개는 다 강약이 섞인 채로 혼합하여 운전되는 것이니 그야말로 만남과 헤어짐의 인연은 천안으로도 다 살펴 헤아리지 못하는 경우가 허다하다.

불자라면 모름지기 인연을 잘 관찰하여야 한다. 즐거우면 즐거운 대로 괴로우면 괴로운 대로 그 이면의 인연을 잘 관찰하여 세숫대야처럼 지낼 줄 알아야 하는 것이 불자이다. 세숫대야에 뜨거운 물이 들어와도 차가운

물이 들어와도 더러운 물이 들어 와도 깨끗한 물이 들어와도 그러려니 하고 버리는 것이 옳다. 취하면 반드시 해가 미치게 되니 부디 조심하시라.

기차를 타고 먼 길을 갔다가 돌아오는 길에 흔들리는 차창에 기대어 마른 가슴 어찌하지 못하여, 마침 인연법을 기억하여 그 법에 의지한 채 5시간을 달렸다. 알고 보면 이 몸도 내 몸이 아닌데, 하물며 남의 몸[인연]이랴! 상관하지 말아야지….

주인과 나그네

내 사랑,

내 아내,

내 자식,

내 재산, 등등이 생겼으니 이것은 즐거움이다라고 한다.

내 사랑,

내 아내,

내 자식,

내 재산, 등등이 항상하니 이것은 의지할 만한 것이다라고 한다.

내 사랑,

내 아내,

내 자식,

내 재산, 등등이 변하였으니 이것은 원통한 일이다라고 한다.

내 사랑,

내 아내,

내 자식,

내 재산, 등등이 없어졌다고 마침내는 머리를 풀어헤치고 재를 뒤집어쓰면서 마음에 비통함을 비수처럼 가진다.

그대여, 내 사랑·내 아내·내 자식·내 재산이 생겼다고 하는 것은 내마음이다.

그대여, 내 사랑·내 아내·내 자식·내 재산이 항상하다고 하는 것도내 마음이다.

그대여, 내 사랑·내 아내·내 자식·내 재산이 변하였다고 하는 것도내 마음이다.

그대여, 내 사랑·내 자식·내 아내·내 재산이 없어졌다고 하는 것도내 마음이다.

또한 각각의 경우에 즐거워하고 의지하고 원통해하고 서러워하는 것도 오로지 그대의 마음이다. 그렇지 아니한가?

왜, 즐거워하였는고? 없던 것이 생겨났으니 이것은 내 것이다 하여 즐거워하지 않았던가!

왜, 의지하였던고? 즐거움은 항상하니 이것은 내 것이다 하여 의지하지 않았던가!

왜, 원통해 하였던고? 이것은 내 것이니 의지할 만하다고 여겼던 것이 차츰 변해가므로 내 것이 변한다고 원통한 것이 아니었던가!

왜, 서러워하였던고? 그나마 남아 있던 마지막 온기들마저 사라지니 이제 내 것이 사라진다고 서러워하지 않았던가!

그대여, 이러한 것은 괴로움이다. 괴로움은 원인이 있다. 그것은 바로 '나[我]'인 것이다.

그녀가 나를 사랑한다고 몹시 좋아하였고, 그녀가 나를 떠난다고 몹시 괴로워한다면, 머물고 떠난 것은 그녀가 아니라 바로 '나'이다. 내가 나의 것이란 소유관념에 머물다가 그만 떠나게 되었으므로 머물고 떠나는 것은 그녀도 즐거움도 아니요, '이것은 나'다. '이것은 나의 것이다'라고 값을 매겼던 바로 그대의 '나'가 화살 맞은 용처럼 고해의 바다 한가운데서 혼자 요동치는 것이다. 정신나간 사람처럼─.

이 사실만 똑바로 알아도,

즐거움이란 것도 괴로움이란 것도 다 하나같이 허공[마음]에 떠 있는 먼지[망상]임을 알게 될 것이다. 먼지들은 어지러이 흩날릴 망정 허공은 늘 한결같아 차지도 줄지도 않으며, 더럽지도 깨끗하지도 않은 것과 같이, 망상들이 어지러이 흩날릴 망정 마음은 늘 한결같아 즐겁지도 괴롭지도 않으며, 깨끗하지도 더럽지도 않는다.

움직이는 것은 먼지요, 오고 가는 것은 나그네며, 맺혔다 없어지는 것은 물방울일지언정,

(움직인다 안 움직인다고 할 것도 없이) 늘 그러한 것은 허공이요,

(즐거움과 괴로움이 오고 갈지라도) 늘 머무는 것은 이 마음이며,

(이것은 '나'다, 그러므로 이것은 '내 것'이다 하는 관념이 맺혔다 사라지는 것은, 허망한 도깨비일지라도) 물은 오히려 그대로이다.

'불자여,

세상의 온갖 것이 오직 마음뿐 딴 법이 없다면,

모든 것을 몸으로 짓지 않더라도

힘을 얻어 마음대로 이루리라.'

-『능가경』집일체법품 -

여기 호방한 부처님이 계시니, 그 이름은 아미타부처님.

그대 만일 스스로의 힘으로는 도저히 이러한 이치의 그윽한 깨달음에 들어가 안주하기 힘들거든, 마땅히 부처님을 뜻으로는 생각하고 입으로는 부르시라. 스스로의 힘은 오히려 한계가 있으나 부처님의 힘에는 한계가 없고, 스스로의 힘에는 때를 만나면 꺾임이 있으나 부처님의 힘에는 꺾임이 없고, 스스로의 등불에는 꺼짐이 있으나 부처님의 광명은 꺼짐이 없고, 스스로의 힘에는 장구한 세월의 훈련이 있어야 하나 부처님의 힘에는 아주 잠깐의 한 염불에 족히 실리며, 스스로의 받아냄에는 다만 두 손이나 부처님의 받아냄에는 모든 과거·현재·미래의 시간과 이 시간들이 머무는 모든 허공과 그 허공에 들어찬 모든 별들 그 모든 별빛이 닿는 땅에 충만하나니….

모름지기 그대여,

오직 한마음[一心]으로 이 아미타부처님을 부르라.

한마음이 안 되면 산란한 마음으로라도 부르라.

정성을 다하기가 힘들면 지나가는 마음으로라도 부르라.

한 번 불러 안 되면 열 번을 부르라.

열 번 불러 안 되면 백 번을 부르라.

백 번 불러 안 되면 천번만번을 부르라.

만일, 스스로의 힘만으로 하리라 하면 오히려 늦을 것이니, 애시당초부터 자만을 꺾고 이 아미타부처님의 원력에 의지함은 모든 부처님께서 칭찬하시는 일이다. 내가 보기엔 그대가 아무리 많은 재주가 있다 하여도 이 부처님의 다함 없는 지혜엔 저 허공의 한 먼지만도 못한 것일 뿐이다.

내 마음이 편하다.

내겐 두려움이 없다.

그대여,

이 마음을 전하니 그대로 받아 가지기 바란다.

마치 그 날 그때 내가 전해 준 그 메일에 전한 나의 마음을 차곡차곡 받아 가졌던 것처럼….

片想 35__

청계사에서

하얀 눈 내려앉은 산등성이 오르면
옛적부터 고스란히 청계사 있네.
찬 공기 들이마시며 법당에 들어서니
그 언젠가 서 있던 그 자리 유난히도 눈에 차네.
진홍빛 방석을 두 겹으로 말아 두 쪽 엉덩이에 깔고
과거 현재 미래를 꿰뚫는 염불소리 낭랑하니
백팔번뇌 어디에 붙어 이 마음을 훔칠 겐가.

지나가던 길손 아낙 몇몇이 절하러 들어왔다가
염불소리 감히 거스르지 못하여 일 마치고도 나갈 줄들 모르네.
면면히 이어지는 나의 염불소리 들으며, 이 사람 누구일까 궁금했을까?
시간 너머 밖으로 나오니 하얀 눈 소리 없이 흩날려,
마침 앞마당에 한가히 거닐던 두툼한 스님 옷에 너풀너풀 묻을 때
오직 가만히 미소지은 이 사내의 양복 위엔 도리어 자취조차 없네.
아미타부처님 염하는 소리 나직이 청계사 밖으로 따라 간다.

염불이란

염불이란, 마음에서 원한을 빼어내는 것.

그것은 원망과 회한의 오래고 모진 독을 뽑아내고 길게 숨을 쉬는 것.

아주 조그마한 가시라도 그대 손에 박혀 있으면 그대는 하루종일 무슨 수를 써서라도

그 가시를 빼내고자 애를 쓸 것이며 마침내는 뽑을 것이다.

하물며 그대여, 왜 마음에서 원망과 회한의 독침과 독가시를 뽑아내지 않는가?

설령 그 사람을 원망해 보았자 나아지는 것은 조금도 없다.

그 사람과의 일을 가슴에 회한으로 쌓아 보았자 나아지거나 좋아지는 것은 없다.

나아지는 것은 없는 반면에 오히려 그것은 그대의 마음을 옥죄이며

그대와 남을 함께 지옥이나 축생이나 아귀로 이끌어갈 뿐이다.

염불하면서 그 원망의 마음을 축원의 마음으로 돌리면,

그대와 남까지도 저 환한 아미타부처님의 세계로 인도하리 ―.

이것은 현명하구나.
이것은 사냥꾼의 올무에서 벗어나는구나.
이것은 하기 힘든 일을 하였구나 하는 말을 스스로와 남에게서 들으리.

염불이란 크게 참회하는 것.
공연히 실없이 돌아다니며 이곳저곳에 뿌린 잡초 같은 무명초에 스스로 걸려 오도가도 못하는 갇힘을 당할 때에, 두 손 두 발 다 놓고 머리를 풀어 참회하는 것 ―.
지금 그 사람은 가고 없어 몸으로 나아가 용서를 구하지 못하는 것이 안타까워, 대신 찬 법당바닥 방석에 온기 머무를 틈 없이 쉼 없이 세우고 눕히는 몸짓으로 참회하는 까닭은 다시는 중생들에게 모진 말과 모진 행업을 짓지 않겠다는 맹세를 증명하는 것―.
그대여, 모든 적들은 그대가 없더라도 다 그대의 용서를 바라고 또 바라는 것을 알아서 적을 향한 원망의 마음, 마치 저 모진 사냥꾼도 언젠가는 한번쯤 자기의 올무에 걸린 새를 놓아주는 것처럼 놓으시게나.
염불이란, 할 수 없는 일을 하는 것. 믿을 수 없는 것을 믿는 것. 차지할 수 없는 것을 차지하는 것. 들을 수 없는 것을 듣는 것. 생각할 수 없는 일을 생각하는 것. 무엇보다 염불이란, 바로 그대를 위한 것.

어진 이여, 염불하시게.

어진 이여, 염불하시게.

삼삼은 구, 구구 팔십 일은 놔두게

그건 좋아하는 사람들이 할 걸세.

다만 어진 이여, 이리 와서 함께 염불하세.

그대가 만일 여기 이 자리에 앉아 가지런히 두 손 모두고 "나무아미타불" 한다고 내가 나무라겠는가? 또 저 사람이 와서 나무라겠는가? 누가 있어 감히 아미타부처님을 염불하는 마음을 대적하여 아미타부처님을 상대하려 하는지 알 수가 없구려.

그가 대선사이거나 큰스님이거나 대악마이거나 큰 귀신이거나 만일 그대 "나무아미타불" 하기만 한다면 천리 만리 밖으로 한걸음에 물러나 허망한 말을 하지 않을 것이며, 머리털 한 올이라도 움직이려 하지 못할 것인데 하물며 해코지를 하리요! 이것은 그대가 할 수 없는 일을 하는 것.

그대가 만일 오다가 가다가 한때나마 "나무아미타불"을 하기만 한다면 삼라만상 고요한 가운데 오직 고요한 것이 있다면 나의 이 염불소리가 제일인 것을 믿게 되어 하늘의 천신들이 내려와 눈에 보이지 않게 그대를 둘러싸며, 땅에 기록해 둔 맹세들이 모두 일어나 그대의 발을 떠올리리니 이것은 믿을 수 없었던 것을 믿는 것.

그대가 만일 앉다가 눕다가 한때나마 "나무아미타불"을 하기만 한다면, 처음 "나" 소리가 미처 끝나기도 전에 시방 가득히 모든 허공들이 내려와 그대를 촘촘히 둘러싸며 그대의 눈에는 보이지 않으나 산으로도 걸리지 않고 바다로도 막히지 않는 아미타부처님 세계로 들어가리니, 이것은 그대가 차지할 수 없는 것을 차지하는 것.

그대가 만일 긴긴 밤을 보내는 중에 설령 아침이 온다 하여도 위로될 것이 없어 차라리 일을 만들어 번거로움에 빠져들리라 하여 막 문지방을 나가다가 문득 "나무아미타불" 한다면, 까마득한 날의 기억의 지평선 밖에서 잊었던 얼굴들 하나 둘 떠오르는 사무친 그리움, 낱낱 서원 만들어 전할 때에 앞생각 떠나기도 전에 뒷생각이 마중 나와 벽에서도 바닥에서도 천정에서도 한결같이 울려 나오는 소리 있어 "나무아미타불" 하리니, 이것은 그대가 들을 수 없는 것을 듣는 것.

그대가 만일 생각하기를 '아무리 그렇다 하더라도 어떻게 사람이 나무아미타불 한 마디 한다고 사바세계에서 몸을 감추고 극락세계로 몸을 나투게 할 수 있단 말인가? 극락세계라 한 것도 그렇지 이 우주삼라만상을 다 통틀어서 즐거움만 있고 괴로움은 전혀 없는 세계라는 것이 있을 수가 있단 말인가?' 하다가 문득 지나가는 마음으로 "나무아미타불" 하는 인연으로 불현듯 그러한 의혹들이 사라지고 청정한 아미타국토를 구석구석 고루 갖춰 생각하게 되었다면 이것은 생각할 수 없는 것을 생각하는 것.

무엇보다 그대가 만일, 입에는 비수 같은 언어를 늘 뿜어대어 그의 가슴을 찢어 놓고, 마음에는 여우 같은 이빨을 들이대며 늘 그를 차가운 이방異邦의 구석으로 몰아 넣고, 몸에는 왕자 같은 거만함을 들먹이며 늘 그를 쩔쩔매게 했다면, 이 "나무아미타불" 염불말고는 아무 다른 방법이 없어, 오직 "나무아미타불"만이 그대로 하여금 입의 비수와 마음의 이빨과 몸의 거만함을 한꺼번에 무릎꿇게 만들어 조복 받는 것이니 이것은 그대를 위한 것. 그대를 위한 것이라고 하였지만, 또한 저기 있는 그대를 위한 것.

나는 그대를 위하여 이미 염불을 말했으니, 내 지금 이 자리를 떠나 멀리 간들 여한은 없다네. 어쩌겠는가? 그대는 이미 꿈이요, 환영이요, 물거품이요, 그림자요, 이슬이요, 번개인 것을….

片想 37__
염불하세요

그대에게 염불을 하라고 간곡하게 권하는 까닭을 아십니까?

내가 먼저 사정없이 염불눈물 뿌려 대지에 적셔 이제 막 용솟음치려는 붉은 핏줄들을 찬찬히 보듬어 가라앉혀 본 후에야 비로소 그대에게 염불하라고 권하는 것입니다.

그토록 촘촘했던 시간의 앙금이 어느덧 제풀에 가라앉게 되어 내가 먼저 대지에 깊이 묻혀 있는 옛 맹세들을 맑은 샘물 손에 담듯 건져 올린 후에야 비로소 그대에게 염불하라고 하는 것입니다.

아무렴 내가 그대에게 이별의 아픔 따위나 상대하라고 그러는 줄 아십니까?

아무렴 내가 그대에게 치마바지를 내리다 그이에게 들켜버린 부끄러움이나 감추라고 그러는 줄 아십니까?

정말로 그대는 내가 모기를 잡으라고 도끼를 쓰도록 하는 줄 아십니까?

내가 그대에게 이토록 염불을 하라고 간곡히 거듭거듭 청하는 것은, 그대의 맹세를 이루어주기 위함입니다. 찬란한 것은 걷어내고, 우중충한 것은 말리고, 악취 나는 것은 흩어버린 후에 오직 그것만 남게 하면 가벼운 수증기가 되어요. 이러고도 그대의 맹세가 땅에서 뛰어올라 하늘에까지 이루어지지 않는다면, 설마 하니 내가 그런 것을 말할까 봐요? 이루어지지 않는 것은 사랑이라 할지라도 맹세까지는 아니잖아요?

찬란한 것은 눈이 부셔 오래 두지 못합니다.
우중충한 것은 손으로 뜨기도 싫고요.
악취 나는 것은 미물들도 피하잖아요.
나에게 그대의 청춘은 너무 찬란한 것이었죠.
그대에게 나의 흰머리에 머무는 기름기는 너무 우중충한 것이었듯이.

그대가 만나는 것은 두 가지 아닌가요?
낮에는 태양.
밤에는 달.

태양에는 햇빛이 달에는 달빛이 있어 세세한 분별에 유용하게 사용한답니다.
그러면 보세요. 그대의 마음강물에 비친 해와 달을―.
말도 못하게 밝잖아요? 둘 다 밝은 겁니다.
밝다고 하는 것은 이처럼(밤과 낮) 아주 적절하여 딱 그만큼 좋답니다.
생각해 봐요. 낮이 밤처럼 밝거나 밤이 낮처럼 밝으면….

그와 같이 염불하세요.

낮에는 아미타불 염불을,

밤에는 관세음보살 염불을.

그대에게 이 두 빛이 있는 한, "나는 (마음이) 어둠 속에 있는 것처럼 답답하다"고는 말하지 못할 겁니다. "나는 (진리에) 캄캄하여 아무것도 보이지 않는다"고는 못할 겁니다.

그리고, 질투하지 마세요. 내가 누리는 자유는 다만 앞으로 누릴 그대 대신에 누리는 것일 뿐, 언젠가는 그대에게 돌려드릴 것인데요 뭘. 그대는 그냥 찾아가기만 하면 될 텐데요 뭘. 그 때에 고스란히 제가 자유를 잃어드리면 되잖아요?

아, 겨울 밤 상현달이 곱기도 하지! 아직 녹지 않는 흰 눈 위를 산보하는 달님의 발목을 보셨나요? 하얀 것이 언듯언듯 스치는 것이 꼭 그대의 뺨과 같더랍니다.

염불 꼭 하세요.

네?

片想 38__

염불은 지금 이때가 가장 좋다

염불은 처음에 하는 것도 좋고 중간에 하는 것도 좋고 나중에 하는 것
도 좋다. 다 좋다.

처음에 하는 것도 좋다는 것은, 금생에 다행히 사람 몸을 받아 안이비
설신의眼耳鼻舌身意를 갖추었는데 그것만 해도 삼악도三惡道를 벗어났으니
다행이라 하겠다. 그렇지만 누가 알랴, 다음 생에 다시 삼악도에 갈 몸이
잠시 누리는 영화인지….

이러한 때에 마치 눈먼 거북이가 바다 한가운데서 머리를 쏙 내민 것
이, 마침 구멍 뚫린 나무토막을 만난 것처럼 심히 어려운 인연으로 부처
님법을 들었다. 그런데 그것이 마침 염불법이었다면 이것은 처음 불법을
만났고 만난 불법이 바로 염불법이니 염불은 처음에 하는 것도 좋다 하는
것이다. 만약 그렇지 않았다면 어떻게 되었을까?

중간에 하는 것도 좋다는 것은, 금생에 다행히 사람 몸을 받았을 뿐만
아니라, 부처님법도 얻어들었는데, 얻어들은 부처님 법이 최상근기最上根

한 생각〔片想〕 157

機들 사이에 주고받는 견성성불見性成佛·불립문자不立文字·돈오견성頓悟見性·자성불自性佛·직지심법直指心法이라…. 비록 그 뜻은 용감하고 더없이 뛰어난 것이다. 그렇지만 옛 어른은 이미 아득히 사라지고, 겨우 그분들이 남긴 어록들에서 만난 것을 가지고 화두를 삼았다. 이렇게 얻은 화두를 붙잡고 아침저녁으로 방석에 구멍을 낼 정도로, 머리에 화롯불을 이듯이, 고양이가 쥐를 노리듯, 오로지 반평생을 죽자사자 목숨을 걸었지만 남들을 속이지 않고서는 감히 한 소식을 얻었다고 함부로 말하지 못한다.

그러다가 천행으로 염불법을 얻어들어 '나무아미타불' 한다. 이것은 마치 중병으로 고생 고생하는 것을 보고 이웃이 와서 말하기를 "그 병에는 이러이러한 약이 좋다. 나도 한때 그 병을 앓았으나 이러이러한 약을 써서 효험을 보았으니 당신도 써보시오. 약은 평범하고 구하기 쉽소. 그렇기 때문에 오히려 사람들이 의심하여 그 약을 잘 안 쓰는 데, 어디 믿고 한번 써보면 헛되지 않음을 알 거요" 하니, 에라! 밑져야 본전이다는 생각으로 그 말대로 했더니 신속하고도 확실하게 그 병이 나은 것과 같다.

나중에 써도 좋다고 하는 것은, 금생에 다행히 사람 몸 얻었을 뿐만 아니라, 부처님법도 최상근기의 법을 만나고, 사뭇 스스로의 근기도 뛰어나서, 스스로의 마음을 밝혀 성과聖果를 얻었고, 남들의 큰 스승으로 자비를 행하여 가르침까지 베풀게 되었다. 그러나 아직도 미세한 번뇌가 남아 있어, 거기서 타락하면 일국의 왕이나 재상으로 떨어지지 않는다는 보장을 할 수 없다. 이렇게 스스로 처음 발심한 보리심의 성취를 자증自證하지 못하다가 마침내 큰 믿음을 일으켜 대승의 수레를 타고자 애써 찾았더니 부처님만 한 수레는 없어 새삼 발심하여 거듭 귀의하고자 '나무아미타불' 하는 것을 말한다.

이 처음 염불과 중간 염불과 나중 염불의 공덕에는 터럭 끝만큼의 차이도 없다. 또한 염불은 상근기가 하여도 좋고 중근기가 하여도 좋고 하근기가 하여도 좋다.

먼저 상근기가 하여도 좋다고 한 것은, 교법教法을 잘 알아서 하나를 듣고도 열을 깨우친다. 뿐만 아니라 자성불自性佛에 의지하여 오직 스스로 근기의 힘만으로 좌선을 알고, 좌선을 행하고, 좌선을 이루어 마침내 원융무애한 대자유를 얻었다.

그렇지만 자기가 낳은 아들로부터 배반을 당하고 죽임을 당하는 비통함에 쌓인 위제희 부인과 빔비사라 왕에게, 석가모니부처님은 당신을 의지하라고 하지 않고, 오히려 저 아미타부처님에게 의지하라고 하셨던 것처럼…, 참으로 깨닫고 보니 아미타부처님의 원력에 버금갈 방편과 자랑거리가 없다고 여겨 스스로도 '나무아미타불' 할 뿐만 아니라, 남들에게도 '나무아미타불'을 널리 권장하여 모범을 보이는 것을 말함이다. 이것을 상근기가 하여도 좋다 한 것이고 조금도 근기에 훼손되는 것이 아니라 오히려 당연한 것이다.

중근기가 하여도 좋다고 한 것은, 교법이나 좌선도 그때그때 생각나면 밤을 새워 용맹정진하지만 생각이 물러나면 곧 해태심에 빠지곤 한다. 그러하다가 일생을 보낸 것을 뉘우쳐 자기보다 뛰어난 상근기의 조사님들이나 심지어는 석가모니부처님까지도 아낌없이 아미타부처님을 칭송하신 것을 보고는 생각하기를, '저 어른들도 하나같이 아미타부처남을 생각하시는데〔念佛〕 하물며 나 같은 말법시대의 중생이겠는가? 이것저것 따지고 자시고 할 것 없이 한 번 믿고 염불하여 보자'고 한다. 그러면서 곧 "나무아미타불"을 염불한다면, 이것을 중근기가 하여도 좋다고 한 것이다.

하근기가 하여도 좋다고 하는 것은, 교법을 가르쳐 주어도 들을 때에 잠시일 뿐 돌아서면 다 잊어버린다. 또 좌선을 가르쳐 주어도 아예 결가부좌조차 체질적으로 못한다. 혹 어쩌다가 결가부좌나 반가부좌를 간신히 하였다 하더라도 한 시간은커녕 10분조차 제대로 앉아 있지 못한다. 그리고 그 얼마 안 되는 동안에도 망상굴 속에 뛰어들어가 죽치고 앉아 온갖 그림자들로 숱한 벗을 삼아 옹알이를 하는 등 거의 귀신수준에서만 헤매고 놀게 된다.

그러다가 어떤 아낙이 "나무아미타불" 하며 걸어가는 것을 보고, 그 자세가 하도 빈틈이 없을 뿐만 아니라 위엄마저 서려 있어 함부로 범접하기가 어려움을 보고 문득 생각하기를, '허! 저 일개 아낙도 저렇게 의젓하고 품위 있는 것이, 바로 나무아미타불 하기 때문이란 말인가. 나는 이래 봐도 남아장부가 아니던가! 어찌 저 아낙만도 못하겠는가?' 하고 분발하여 "나무아미타불" 염불한다면, 이것을 하근기가 하여도 좋다고 한 것이다.

이 상근기와 중근기와 하근기의 염불공덕에는 터럭 끝만큼의 차이도 없다. 이것이 바로 염불공덕의 평등함이니 곧 부처님의 마음이다. 염불하는 자의 마음은 부처님을 가장 잘 닮아 있다. 부디, 염불을 우습게 보지 말고, 하찮게 여기지 말고, 그대의 남은 목숨을 여기에 의지하여 생사문제를 풀길 바란다.

염불하는 당신에게

염불하는 사람은 힘을 내야 합니다.

뒤로 물러서지 말아야 합니다.

어쩌면 목숨을 내어놓아야 합니다.

왜냐하면 마음은 그러한 것들 너머를 다 알기 때문입니다.

눈물이 흐르지만, 쓰러질 것 같지만, 입술에 피멍을 띄워서라도 이 한 업생業生을 넘지 않으면, 다생多生을 사람 몸 받는다 해도 그것은 구차한 삶입니다. 왜 안 그렇겠습니까? 당신이 만일 여기 징검다리를 건너가고 있다고 생각해 보세요.

첫번 째 징검다리를 딛자마자 오던 길로 돌아가시겠습니까?

두번 째 징검다리를 딛자마자 오던 길로 돌아가시겠습니까?

세번 째 징검다리를 딛자마자 오던 길로 돌아가시겠습니까?

네번 째 징검다리를 딛자마자 오던 길로 돌아가시겠습니까?

그러는 동안 점점 더, 당신이 빠진 청춘의 덫은 쉼 없이 당신의 살갗을 깊이 파고들고 있지 않습니까? 마치 지금까지 그래왔던 것처럼…. 하릴

없이 마냥 청춘을 파먹고 산다면, 생生이라는 큰 덫 속에서 다시 청춘靑春
이라는 작은 덫 속으로 이중으로 빠진 것이 되어 당신은 누가 와도 구할
수가 없습니다.

이번에 넘어두지 않으면 언제 다시 이 강가에까지라도 오겠습니까? 제
발, 제발 이번에 이 징검다리를 다 건너는 수고로 일을 마치기 바랍니다.
당신이 원한다면 이 마음 뜻에 맞춰 편해진 것을 모두 취소할 게요. 선정
과 염불의 힘으로 누렸던 평온함을 다 던져버릴 게요. 나 혼자만의 것이
라면…. 나 혼자만의 것이라면 그런 것들이 무슨 소용 있겠어요? 형벌보
다도 편치 않은 하찮은 것들을….

달을 쳐다보다 알았어요. 달의 눈동자를 쳐다보다 알았어요. 나 혼자만
의 것이라면, 나 혼자만의 것이라면 차라리 평안보다는 형벌을 택해야 한
다는 것을…. 당신의 달이 그렇게 슬픈 사연들이었는지를 이제야 알아버
린 이 유마를 용서해요.

하지만, 뒤로 물러서지는 말아요. 염불하는 마음에는 그런 움츠림이 있
어서는 안 된답니다. 내 일생이 구차해지는 한이 있더라도 부처님법을 따
르는 사람이 움츠리며 뒤로 물러서서는 안 됩니다. 고개를 똑바로 들어
요. 또박또박 걷는 소리가 항구의 뱃고동소리에 밀리지 않도록 당당하게
걸어요.

나는 이 순간부터 혼자만의 평안을 위하여, 휴식을 취하거나 선정에 들

거나 염불하지는 않을 겁니다. 절대로! 오로지 쉬지 않고 염불만 일념으로 하세요. 네? 그래서 평안해졌다면 달 속에 토끼 그림 한번 더 그려주면 나도 그때 다시 평안해지렵니다.

유마로부터….

이음동의어異音同義語

선정禪定 · 간경看經 · 염불念佛 · 다라니多羅尼 · 지계持戒 · 기도祈禱一. 이 말들은 다 같은 말, 이음동의어異音同義語다.

어떤 집에 아이가 여섯이 있는데, 각자 이름이 다르고 성질이 다르고 하는 짓이 다르지만 부모의 입장에서 볼 때 다 똑같은 자식이다.

눈 · 귀 · 코 · 혀 · 몸 · 의식의 이름이 각각 다르고 성질이 각각 다르고 하는 짓도 각각 다르지만 받는 입장에서 볼 때는 다 똑같은 종자들이다.

눈이 잘못하여 그 화를 그대가 받는 것이나,

귀가 잘못하여 그 화를 그대가 받는 것이나,

코가 잘못하여 그 화를 그대가 받는 것이나,

혀가 잘못하여 그 화를 그대가 받는 것이나,

몸이 잘못하여 그 화를 그대가 받는 것이나,

뜻이 잘못하여 그 화를 그대가 받는 것이나,

다 하나같이 짓고 받는 것의 입장에서 볼 때에는 같은 종자들이다. 부모가 밖에 나가서 첫째 아이는 칭찬하고 둘째 아이는 욕을 한다면, 그 칭찬과 비난은 다 부모의 몫이고 소행이 아닌가? 마찬가지로 눈이 올바르게 보아서[정견], 삿된 도리에 물들지 않았다 하더라도, 몸이 흐트러져서 음행에 물들었다면 받는 것은 매양 그 사람이다. 따라서 소견이 올바르다 하여도 몸이 흐트러졌다면, 조금도 벗어날 수 없고 벗어난 것도 아니고 벗어나지지도 않는다.

선정[話頭]을 주로 하는 사람들은, 염불이나 간경[讀經]을 하근기들이나 하는 일이라고 한다. 이처럼 근기의 상중하를 가지고 살핀다면, 그 사람이야말로 무엇이 상上이고, 중中이고, 하下인가를 도무지 알지 못하는 하하근기下下根機의 낮고 낮은 사람이다. 더군다나 아미타부처님 상호와 장광설長廣舌로 덮으신 법문을 하열下劣하다고 하였으니, 도무지 선정으로 얻으려는 것이 무엇인지 알다가도 모를 일이다.

만약 염불하는 사람이 선정禪定을 즐겨하는 사람에게, 목불木佛을 태워서 사리를 얻으시려나, 기왓장을 갈아서 거울을 만드시려나 하고 빈정댄다면, 그 염불하는 사람은 심성心性의 거울이 부처님 같은 이를 비방하는 과보를 받아야 하는 것을 각오해야 한다.

상근기의 사람은 선정을 하든, 염불을 하든, 독경을 하든, 다라니를 하든, 계율을 지키든, 기도를 하든, 다 일정하게 잘해낸다. 그렇지만 중근기의 사람은 한 번은 일정하게 한 번은 일정하지 못하게 한다. 하근기의 사람은 한 번도 일정하게 제대로 하지 못한다.

근기의 차이라면 다만 이러한 것일지언정, 결코 선정과 염불과 독경의 문제가 아니다. 힘이 있는 어른이라면 돌멩이를 들든지 나무를 들든지 아무런 장애를 느끼지 않는다. 그러나 힘이 없는 아이라면 나무는 겨우 들지만 돌멩이는 어쩌다가 들기도 할 것이고, 아님 나무든 돌이든 들기조차 어려울 수도 있다.

.

하늘에 동전을 던지면 땅이 그것을 받아내는 데 조금의 삐뚜러짐도 없고, 땅에서 싹을 틔우면 허공이 그것을 담아내는 데 조금의 이지러짐도 없다. 하늘과 땅의 하는 짓이야 하늘과 땅 차이가 난다 하더라도 받는 것이야 조금도 다름이 없으므로 하늘과 땅은 역시 이음동의어이다.

이처럼 우리는 똑같은 것을 가지고 여섯으로 나눠 쓰지만, 이것이 원래 하나의 마음이라는 것을 알지 못하고, 정작 그 사람은 분주히 그 여섯을 각각 따라 다니며, 이것은 색깔이요, 이것은 소리요, 이것은 냄새요, 이것은 맛이요, 이것은 부드러움(또는 거침)이요, 이것은 생각이라 구분하여, 각각 주인이 다르고 부모가 다르다고 말한다. 내가 줄곧 즐겨 인용하던 말 중에, 어떤 사람이 뼈다귀를 날리면 개는 그 뼈다귀를 쫓아 분주히 달려가지만, 사자는 던진 그 사람을 문다고 하는 바로 그것이다.

그대여! 편가르지 마라. 불이문不二門에는 그런 것이 애당초 없다.
그댄 일찍이 들어보지 못했는가?
무無, 안이비설신의眼耳鼻舌身意.
무無, 색성향미촉법 色聲香味觸法.
무無, 무명역무무명진無明 亦無無明盡…. 이 반야심경의 독경소리를!

초저녁에 잠이 들어 꿈속 의식에서도 "나무아미타불" 하는데, 그 일이 잠들기 전과 사뭇 다르지 아니하여 도로 깨어나도 무슨 잘못이랴! 목이 말라 문을 열고 아이들 방을 나오니 희미한 불빛이 안방 문틈 사이로 삐져 나와 가만히 들여다보니 잠 못 드는 중전(아내)의 가엾은 눈빛, 한밤중 텔레비전과 마주한 것이었네. 미소지으며 가만히 곁에 누워 토닥거려 재워주고 나오는데, 목마름은 그만 어딜 가고 오히려 흐르는 눈물…. 도道를 따라 드센 마魔의 분탕질을 왜 죄없는 중전이 받느뇨? 아미타불 염불소리 한밤에 가득하다.

片想 41__

염불은

염불은…,

부처님이 이 세상에 오신 것을 믿는 것입니다. 하얀 코끼리 타고 마야부인의 고귀한 태 속으로 쏘옥 들어오신 것을 말입니다. 오시기는 보살의 모습으로 오셨지만, 그것은 태에 들기 위한 방편이지, 사실은 이미 오래 전부터 부처님은 그대로 부처님이셨습니다. 그러므로 부처님은 결코 태에 들지 않습니다. 생生이 없기 때문입니다. 그래서 부처님이 세상에 나타나실 때에는, 항상 보살의 모습으로 오시고, 보살의 모습으로 오신 후에는, 항상 부처 됨〔成佛〕을 보이십니다.

아, 물론 보통 사람의 모습으로도 오십니다. 백정이나 음란한 여인이나 무지렁이나 바람둥이나 거렁뱅이 같은 모습으로 오실 때에는, 항상 눈물콧물 범벅이 되게 몸을 떨며 엎어져 우는 중생의 모습입니다. 다른 아무것도 못하고 오로지 간절히 간절히 염불하는 모습만 겨우 보여줍니다. 그리고는 쓸쓸히 추운 겨울 찬 바닥에 거적대기를 깔고 죽어버리면 호적에는 무연고자가 동사凍死한 것으로 빨간 두 줄이 그어집니다. 아무런 상

서로움도 없이, 아무런 방광도 없이ㅡ, 그렇게 말입니다. 그래서인지 당신이 그를 몰라볼 뿐입니다. 당신에게 염불을 가르치려 당신 곁에 그런 모습으로 태어나는 운명을 감수하고 계시다는 것을ㅡ, 당신은 까맣게 모릅니다. 아, 무정한 사람!

너무 답답하여 힘껏 손에 목탁을 쥐고 '똑 딱 똑 딱 똑 또ㅡ르르르' 하며 귀에 맑게맑게 들려주어도 그것이 부처님 법음法音인 것을 전혀 모릅니다. 오로지 당신만 모릅니다. 당신이 겨우 염불해야지 생각하고, 아직 "나무"도 하기 전에, 당신에게 새의 그림자처럼 살며시 내려와 관세음의 분명한 음성을 들려주어도, 그저 한갓 오동나무에 서려 있는 심심한 바람소리인 줄로만 알고 있는 당신은, 참말 참말로 허무하고 무정한 사람입니다.

염불은, 부처님이 이 세상에 항상 그렇게 계신 것을 믿는 것입니다. 어떤 사람은 부처님께서 부처님 되시고는 80수의 노쇠한 몸으로 열반에 드셨기 때문에 마치 꺼진 불꽃처럼 어디에도 찾아볼 수가 없다고 합니다. 그렇지만 부처님께서는 일찍이 태에 드신 적이 없는데, 어떻게 태에 든 사람의 최후를 가지겠습니까? 일반 사람들도 도덕심이 강한 사람은 몸이 변한다고 하여 도덕심이 변하는 일이 없는데, 하물며 '아뇩다라삼먁삼보리심'을 가지신 부처님께서 몸의 변화에 따라 보리심을 거두었겠습니까?
　대자대비로 당신의 견고한 몸에 대한 고집과 집착을 화살을 꺾듯이 한꺼번에 꺾어 버리려고 부처님 스스로의 몸을 그렇게 꺾어 버린 것을, 당신은 캄캄하게 모릅니다. 그러면서 부처님의 사리를 찾아들고는 우리 부처님께서 이렇게 열반하셨으니 우리는 이제 어떻게 하나 하고 넋 놓고 앉아 있습니다. 안타깝게도 당신만 모르고 있습니다. 부처님이 항상 이 사바세계에 계시다는 엄연한 사실을—.

염불은 생로병사生老病死, 그대로가 신통임을 아는 지혜자가 마지막으로 한 번 더 부리는 신통입니다. 이보다 더 큰 신통은 이 세상과 저 세상 그 어디에도 없습니다. 지나간 세상에도 오는 세상에도 지금 세상에도 더 이상의 신통은 없기에 마지막 최후의 신통입니다.

그〔염불〕는 '내가' 태어나는 것을 압니다. 이것은 보통사람은 감히 흉내 내지 못하는 신통입니다. 그는 '내가' 늙어가는 것을 압니다. 이것은 보통사람은 꿈에도 흉내내지 못하는 신통입니다. 그는 '내가' 병이 든 것을 압니다. 이것은 보통사람은 아무리 자세하게 궁구하여도 비슷하게도 못하는 신통입니다. 그는 '내가' 죽는 것을 압니다. 이것은 보통사람은 대장부가 죽음을 두려워할쏘냐 하고 큰 소리 치지만, 다 호흡이 멀쩡할 때의 헛소리일 뿐, 마지막 그 호흡, 절체절명 앞에서는 혼절하거나 혼비백산하여, 사라져 없어지는 의식으로는 꿈도 못 꾸는 신통입니다.

독버섯을 먹고 소화시킬 사람은 없습니다. 금강석을 뱃속에 넣어 소화시킬 사람은 없습니다.

오직 우리 부처님만 이것들을 거뜬히 소화시킬 수 있습니다. 저 생로병사生老病死가 그대에게는 독버섯이지만, 우비고뇌憂悲苦惱가 그대에게는 금강석이지만, 염불하는 사람에게는 오히려 열반인 까닭에, 그대로가 신통이라는 것입니다. 이보다 더한 신통을 또 어디서 보겠습니까?

그대여, 밤을 새운 사람만이 진정한 새벽을 보듯이, 염불하는 사람만이 진정한 니르바나를 압니다. 임을 품에 안은 사람만이 진정한 행복을 맛보듯이, 염불하는 사람만이 니르바나의 항상함과 즐거움과 '나'임과 깨끗함을 맛볼 수 있습니다〔涅槃四德:常樂我淨〕. 아직도 모른다면 그 얼마나 먼 길이 그대 앞에 요술처럼 펼쳐져야 할지 막막할 뿐입니다. 한 걸음을 떼어 놓는다 하지만 한 걸음 더 길어지는 그런 길 말입니다.

어진 이는 모름지기 염불하는 마음으로 염불하는 마음에 들어, 염불하는 마음을 놓지 않고 염불하는 마음을 잊고 염불하는 곳에 이릅니다. 염불은 바로 이런 것입니다. 염불하세요.

"나무아미타불!"(백천만 번)

금강경의 일체유위법一切有爲法

一切有爲法 如夢幻泡影 如露亦如電 應作如是觀.

일체유위법 여몽환포영 여로역여전 응작여시관.

서序

　　우리가 잘 아는 『금강경』에 나오는 사구게四句偈의 말씀이다. 내가 즐겨 암송하는 경전의 문구이기도 하다. 나는 늘 이 사구게를 암송하면서 내 스스로가 이 진득한 사바세계의 업에 빠져드는 것을 경계하곤 한다. 내 목숨까지도 그렇게 여기고자 노력하면서….

　　이 사구게의 말씀을 언뜻 보면 허무주의에 가득 찬 것 같기도 하고, 매우 염세주의적인 것 같기도 하고, 냉소 어린 조소적인 냄새가 나는 듯도 하다. 그러나 붓다의 눈으로 조명한 중생의 삶을 정의한 것이다. 대개 중생의 삶이라 하면 생로병사 속에 포함된 몸과 마음 전체를 다 일컬어 하는 말이다. 중생 삶을 정의한 이 말씀은 붓다의 눈[佛眼]으로 중생 삶을 조명한 것이다. 그렇지만 중생의 눈에는 붓다의 눈과 반대로 모든 것이 다

실체로 보인다. 그댄 그렇게 느끼지 않는가?

모든 것이 꿈과 같고, 환술과 같고, 물거품 같고, 그림자 같고, 이슬 같고, 번개와 같다고 인생을 정의한다면 누가 나서서 아침저녁으로 수고하고 아이들을 가르치고 이웃과 왕래하고 연인과 사랑을 하겠는가? 이 지구라는 별이 생긴 이래 인류가 나타나 그 낱낱의 인격들이 하나하나 간직한 파란만장한 역사를 생각해 보시라! 아마 그것 모두를 파일로 만든다면 지구의 두께가 달라질 것이다. 게다가 나는 또한 그 역사 속에 버젓이 존재하며 인생을 관조하며 사랑의 기쁨과 이별의 아픔을 실재로 겪고 있지 않는가 말이다.

이것들이 다 꿈이요 환상이요 물거품이요 그림자요 이슬이요 번개라면, 도대체 어떤 사람이 제정신으로 산다고 말할 수 있단 말인가?

이러한 정의는 사실 붓다만의 고유한 관찰은 아닐 것이다. 아무 철학적인 지각이 없는 범부들도 한번쯤은 인생이란 다 부질 없는 꿈과 같은 일임을 토로할 때도 있으니까 말이다. 그러나 범부들이 꿈과 같다고 말하는 것은 허무주의에 빠지거나 감상주의에 사로잡혀 하는 말이다. 그렇지만 『금강경』에서 부처님이 하신 이 게송은 단순한 세상살이에 대한 말씀이 아니다. 그러니까 그대를 지금 세상일에 실패하여 찾아온 사람으로 보아서 위로하려고 하는 말이 아니라는 것이다. 이 세상뿐 아니라 저 세상까지, 모든 천국이니 지옥이니 하는 것까지 통틀어 포함한 범위다. 중생들이 그 어디서든 생로병사에 머물면서 추구하는 모든 가치관들을 한꺼번에 뭉뚱그려서 내어놓은 것이다. 중생들의 그것들이 비록 객관적이고 과학적이라 할지라도, 모두 다 꿈이요 환상이요 물거품이요 그림자요 이슬이며 번개와 같은 것이라는 종국적인 결론을 말씀한 것이다.

이 말씀은 결코 신비감 어린 종교적인 성향에 기대어 하신 말씀이 아니다. 따라서 붓다 자신의 종교적인 지위와 견해를 더 한층 강화시키려고 사람들을 우매화하는 저급한 발상에서, "너희들은 몰라. 너희들의 인생은 모두 다 꿈이야. 그러니까 나한테 와서 열심히 매달려 봐!"라고 한 말씀도 아니다.

사실 이 말씀은 붓다가 굳이 말씀하지 않더라도 붓다 자신은 아무런 답답함을 느끼지 않는다. 소위 붓다는 아쉬울 것이 없지마는 그런데도 굳이 말씀하셨다. 왜, 하셨을까? 왜, 붓다는 사뭇 감상적으로까지 보이는 이런 말씀을 줄곧 하셨을까? 그것은 진리이기 때문이다. 진리만 한 자비는 따로 없다. 그렇지 아니한가? 사랑하는 사람에게 가장 소중한 것은 무엇이겠는가? 그것은 진리이고 진실이다.

붓다의 성품〔佛性〕은 진실하다. 붓다의 말씀〔經〕도 진실하다. 그리고 설하신 그 내용〔法:진리〕도 진실하다. 이것은 붓다의 3대 특징이다. 붓다가 중생을 지극히 사랑〔大慈大悲〕할 수밖에 없는 이유이다. 진실하기 때문이다. 단지 이 이유 하나만으로 자비의 법은 세상에 설해진 것이다. 그러므로 자비가 넘칠 때에는 평소 대책 없는 심술꾸러기일지라도 진실하게 되는 법이다.

그 당시 붓다의 이 말씀〔金剛經〕을 듣는 청중들은 단순히 사업에 실패했다던가 연애에 실패했다던가 하여 뭔가 위로가 필요했던 사람들이 아니었다. 오히려 그런 것들을 초개같이 여기고, '내가 모처럼 태어나서 고작 밥이나 해결하고 옷이나 잘 입고 쇼핑이나 즐기면서 젊은 여자를 데리고 인생을 희희낙락하려는 것이었더냐? 늙고 병들어 죽음이 분명한데 한가 하게 딴 짓하고 있다는 것은 원인을 알고 그 과보를 아는 사람으로서는, 비록 세상의 왕 노릇을 한다 하더라도 오히려 구차하게 사는 것이다. 차 라리 숲속에 들어가 비바람을 맞으면서 머리 깎고 수치를 느끼며 고생하 는 것이 낫겠다'고 생각하는 아주 희귀한 무리들이었다.

그대는 지금 붓다는 고사하고 아마도 그런 청중들마저 찾기 어렵고 만 나기도 힘들 것이다. 마치 한 나라에 맛이 뛰어나고 진귀한 열매가 있는 데 그 이름을 망고라고 하는데, 임금이 그 망고를 모두 모아 왕궁으로 가 져오게 한 후에는 그 나라 어느 곳에서도 망고 하나를 찾을 수 없는 것과 같이, 이 말씀을 들으려고 모인 청중들은 기억과 해석이 뛰어났으며 인내 와 방편이 뛰어나 마치 한 나라 안에서 찾을 수 있는 최고의 자질과 소양 과 인격을 갖춘 사람들을 선발하여 한곳에 모아둔 것과 같아, 그 나라의 다른 곳에서는 단 한 사람도 숙성된 인격을 찾을 수 없는 것과 같다고 표 현해야 할 정도이다. 이런 청중들이 누가 "모든 것이 다 꿈이다"라고 한 마디 한다고 쉽게 부화뇌동하는 경솔한 사람들이겠는가?

청중들의 이러한 수준을 다 아는 붓다가, 또한 그들이 이미 다 아는 이 런 감상적인 말로 시간을 낭비하겠다고 마음먹을 리도 없다. 이제 이 말 씀을 할 때의 분위기를 대강 어느 정도는 짐작하게 되었으리라 믿는다.

아, 상상해 보시라!

보석처럼 반짝이는 수많은 별들에 둘러싸인 보름달 아래, 둥그렇게 둘러앉은 한 무리의 고요함 속에서, 달빛처럼 영롱한 눈망울로 뛰어난 지혜자가 다른 지혜자들에게 둘러싸여, 지혜의 말씀을 하는 광경은 가히 장관 중에 장관이었을 것이다.

엄마가 아기를 생각하면 어느 새 자신의 젖에서는 저절로 젖이 줄줄 나오듯, 사모하는 연인을 생각하면 가느다란 눈과 섬세한 입술에는 저절로 맑은 이슬이 고이듯, 이런 인간적인 분위기에서 저와 같은 붓다의 말씀이 나온 것은, 마치 아이를 잉태한 엄마의 젖이 저절로 차오르는 것처럼 넉넉한 즐거움이 아닐 수 없었을 것이다.

그렇게 시작한 붓다의 해조음 파도소리 같은 음성을 들어 보라. 넘실거릴 때마다 저 멀리까지 은근히 퍼지는 해조음 파도소리 같은 붓다의 미묘하고 원만한 음성….

요즘 확성기에다 대고 고래고래 악쓰듯 소리를 질러대는 연사 같은 음성이 아니다. 혹시 못 들으면 어쩌나 하여, "오 껭끼 데스까!" 하고 저 먼 흰눈 덮인 산에다 두 손으로 나팔을 만들어가며 질러대는 처량한 소리도 아니다.

붓다의 음성은 아주 맑은 보름달 밤, 은빛 모래에 반사된 작은 빛을 받은 해조음 파도소리처럼 이루어져 아무리 먼 저 바다 한가운데일지라도 그대로 전달된다. 그렇다면 어디 한번 들어 보자. 나는 별빛 유난히 반짝이는 밤, 몽상가처럼 깊은 명상에 빠져 해조음 파도소리에 귀를 기울인 바닷가의 소년이 된 심정으로, 이 해변을 거닐어 본다. 누가 과연 나의 그대가 되어줄 것인가…?

1. 일체와 유위법

一切有爲法 如夢幻泡影 如露亦如電 應作如是觀.
일체유위법 여몽환포영 여로역여전 응작여시관.

여기 일체一切라고 하는 것은 만일 거기에 낱낱으로 쪼갤 수 있고, 다시 낱낱을 하나로 뭉칠 수 있는 것이 있다면 이것을 통괄적으로 일체라한다.

거미집을 보자. 허공에 매달려 있는 거미집 말이다. 이 거미집은 본래 허공에 존재하는 것이 아니다. 거미가 느닷없이 어떤 의식을 내어 가느다란 줄기를 내뿜어 한 줄기 망사를 뽑아내어 저쪽 나뭇가지에 걸기 시작하면서부터 드디어 허공에는 없던 거미집을 우리가 보게 되는 것이다. 이 거미집은 본디 있었던 것이 아니지마는 그렇다고 아주 없는 것도 아니므로 우리가 지금 보게 되는 것이다. 이것을 일러 유위법有爲法이라고 한다.

유위법은 이렇게 있는 듯, 또한 없는 것이 마치 꿈과 같으므로 유위법이라 한다. 유위법은 이렇게 느닷없이 생기는 것이 꼭 유령 같으므로 유위법이라 한다. 유위법은 이렇게 홀연히 생기는 물거품 같으므로 유위법이라 한다. 유위법은 이렇게 반연(攀緣:조건을 끌어당겨서)하여 나타나는 그림자 같으므로 유위법이라 한다. 유위법은 이렇게 때에 따라 생겨났다 때에 따라 사라지는 저 이슬과 같으므로 유위법이라 한다. 유위법은 이렇게 한순간 번쩍 하는 번개와 같으므로 유위법이라 한다.

그러므로 일체와 유위법이 합쳐져서 '일체 유위법'이 되는데, 바로 이 세상 숲속마다 만들어진 모든 거미집이라는 말이다. 이 거미집은 하나하나 보더라도 낱낱의 한줄 한줄의 망사로 이루어졌다. 숲속의 전체 거미집을 보더라도 하나하나가 모두 다 유위법으로 만들어졌다. 그래서 일체 유위법인 것이다.

좀 지루하지만 자세히 풀어 본다면, 우리가 사는 우주는 하나의 거대한 거미집과 같다.─('우주의 모양이 꼭 거미집과 같지 아니한가' 하고 그대의 동의를 물어야만 하는가? 그럴 필요가 없다고 대답해 주면 좋고 고맙겠다. 그러면 그대는 나에게 오죽이나 기쁜 상대일까!)─
아무튼 누가 만들었든 그것은 아무 상관이 없다. 아마 어떤 대왕거미가 만들었을 것이라고 해두자. 설령 그게 영 맘에 안 들면 하나님이라고 해도 좋겠고─. 허공에 더덕더덕 나선형으로 빙글빙글 돌면서 붙어 있다가 날개대신 관성의 힘으로 날아다니는 유성들·행성들·항성들을 붙잡아 맨 것이 꼭 거미집 같지 않은가? 이런 말이다.
너무나 거대하여 우리 눈에는 텅 빈 허공으로 보일 뿐, 그러나 어쩌면 우리 몸과 같이 촘촘한 것으로 채워져 있다고 보는 놈〔문명체〕들도 있을지 모르는 일이다. 그래서 그는 너무나 촘촘하다고 여기는 거기에 빠져 허우적거리다가 마침내는 거미의 몸 속에서 거미의 일부분이 되어 버리는 놈들도 있을 것이다. 이를테면 작게는 잠자리 같은 놈 말이다.

이 거대한 우주는 저 숲속의 거미집처럼 눈에 보이는 물질인 망사와,

집을 짓겠다는 의식인 눈에 보이지 않는 비물질로 이루어져 있다. 우리 몸 역시 허공에 매달아 놓은 망사 같은 물질[四大:地水火風]과 정신[識]으로 이루어져 있다. 그래서 옛 사람들도 우리의 정신을 허공에 견주어 말하는 것을 종종 볼 수 있다. 물질과 허공, 몸과 정신은 동전의 앞과 뒤와 같아 서로 존재하면서도 차원은 달리 하는 사람의 구성요소이다.

물질은 분해하거나 분석하면 지수화풍 地水火風으로 대별되고, 비물질 은 분해하거나 분석하면 공空하다. 유생물의 몸도 마찬가지로 물질은 지 수화풍으로 이루어져 있고 정신은 공하다. 그도 그럴 것이 우주를 닮지 않은 존재란 우주 안에는 없다. 우주를 닮았다고 하는 것은 우주가 성립 되면서 뿜어낸 화학적인 요소들로 물질은 구성되기 때문에 아버지가 사 람이면 아들도 사람인 것과 같다.

잠자리가 날아가다 거미집에 붙잡혔다. 잠자리는 거미가 아니니까 크 게 몸부림치며 부인하지만 사각사각 딴짓 하면서 여섯 발로 천천히 걸어 오는 거미의 철저한 강간에 의해 이내 거미의 일부분이 되고 만다. 부분 과 전체의 관계는 늘 이런 식으로 만난다.

저 사람은 내가 아니므로 그의 어떤 부분이 되어 주는 것은 싫다. 하지 만 결국 언젠가 그는 저이의 분명한 어떤 부분이 되고 만다. 왜냐하면 우 리는 딱 그만큼의 우주를 닮았기 때문이다.

이러한 물질과 비물질은 큰 것은 작은 것으로 쪼개지고 작은 것은 큰 것으로 뭉쳐지는데, 이러한 관계에 있는 것을 일체라 한 것이고 그렇게 하여 이루어진 어떤 것을 유위법이라고 한 것이다. 말하자면 은하와 쿼크의 관계이다. 큰 것은 더 큰 것에 포함되고 작은 것은 더 작은 것을 포함한다. 이러한 계산은 가히 끝이 없을 정도이다. 그래서 크기의 척도를 사람이 정한 것이 바로 사람중심으로 이치가 펼쳐지게 된 이유가 됐다.

과학·문학·정치·경제·종교·관습 등등으로 분류하지만 이것이 다 인간자신이 사는 세계를 이해하기 위한 여섯 개의 거미발에 지나지 않는다. 이것은 자기의 몸과 마음이 들어 사는 세계를 이해하기 위하여 쓰는 도구들 아닌가 말이다. 그러나 이 도구들은 나중에 무소불위無所不爲의 법칙을 내세우며 절대적인 가치판단의 판관자리를 차지하게 되어버린 것이다. 인간의 언어란 바로 이런 것이다. 그러므로 언어를 가질 땐 항상 조심하라. 거기에 빠지지 마라. 함정이 있다. 그리곤 쓸 만큼만 쓰면 버려도 좋은 것들….

우주는 인식을 필요로 하고 인식은 대상〔우주〕을 필요로 하는 관계다. 여기에서는 제아무리 뛰어난 관찰도구와 의지를 가지고 노력한다 하더라도 마음은 몸을 따르고 몸은 마음을 따르는 이치에서 조금도 벗어날 수가 없다. 결국은 자기 자신을 바라보는 것에 불과한 것임을 아주 모르거나 조금 눈치가 빠른 사람이면 남이 이야기 해주면 동의 정도나 겨우 할 뿐이다.

지금 인류가 가지고 있는 물질과 비물질에 대한 과학적인 지식은 전부 내가 만들어 내가 쓰는 것이다. 예로 망원경을 생각해 보자. 이 망원경이 예전에는 없었지만 이치를 만든 사람들이 그 이치에 의해서 망원경을 만들고 그 망원경으로 우주를 본다. 처음에서 조금도 달라진 게 없다. 달라진 게 있다면 더 멀리 보게 되었다는 것인데, 눈에 안경을 쓴다고 그 사람이 달라질 게 없지 않은가? 더 멀리 보게 되었다고 하지만, 우주가 내 놓는 것 이상을 사람은 볼 수가 없으므로 보는 것마다 다 일체일 뿐이다. 그것은 바로 거미집이다. 볼 때는 빛을 따라 보는 것이므로 빛은 짧은 공간은 직선으로 가지만 광활한 우주를 달릴 때는 별들의 중력의 힘에 휘어져 항상 휘어져 달린다고 한다.

그러니까 이 드넓은 우주에서 우리가 보는 별들은 앞에 있는 것 같지만 사실은 우리 뒤에서 달려온 별빛이 여러 가지의 경로를 통해 휘어져 돌아와 앞에 나타난 것일 수가 있다.

부산에서 출발한 기차가 지금 내 눈앞에 있다고 부산이 눈앞에 있는 것은 아니다. 우리는 지금 뒤에 있는 별을 고개도 돌리지 않고 앞에서 보는 것이다. 그런데 그것이 앞에서 보이니까 앞에 있다고 한다면 사실과 다른 것이니 이것이 꿈과 같은 것이 아니고 무엇인가?

2. 꿈[夢]

꿈이란, 사실이 아닌 것이 사실이 되는 어떤 시간을 말한다. 꿈을 꿀 때에는 현실은 전혀 도움이 안 되는 시간이다. 왜냐하면 꿈속에서는 꿈이 현실이지 달리 현실이 있는 것이 아니다. 그것은 꿈속에서 우리가 사물을 보면 조금도 현실의 그것과 다르지 않다고 느끼지 않는가? 길을 가면 그 길가에 피어 있는 꽃까지도 세세히 묘사되니 말이다. 꿈속에서 만일 우리가 그것은 꿈이라고 알 수만 있다면 왜 귀신에게 쫓겨 달아나는가? 왜 옹알이를 해대는가? 그것은 한갓 꿈인데…, 꿈인 줄 전혀 눈치채지 못하기 때문에 죽어라 도망가며 어린아이처럼 옹알이를 해대는 것이다.

우리는 하루 최소한 7시간은 꿈〔잠〕으로 지낸다. 이것은 부인할 수 없는 사실이다. 아무리 현실에 밝은 사람이라 할지라도 7시간은 꿈속에서 꿈을 붙들고 씨름해야 한다. 간혹 잠에서 꿈이 없다고 하는 사람들도 있는데 그것은 깨고 나서 꿈을 꾼 기억이 휘발되어 버리기 때문에 하는 소리이지 사실이 아니다.

사람이 죽을 때에도 바로 이 꿈속에서 죽는다. 현실에서 죽는 사람은 없다. 무슨 말이냐 하면 죽을 때엔 현실에서 바로 죽는 게 아니고, 현실을 떠나 잠깐 꿈속에 있다가 죽는다는 말이다. 그래서 사람이 죽으면 자기가 죽었다고 스스로 믿지 않는다. 자기는 지금 꿈을 꾸고 있다고 믿는다. 빨리 깨어나야겠다고 생각하지만 깨어나지지 않는 것을 보고 비로소 뭔가 심각한 일이 발생한 것을 느낀다. 이것이 죽음이다.

태어날 때도 마찬가지이다. 모태母胎에서 나올 때 이상한 자세로 바뀌며 가늘고 긴 터널로 들어가는 순간 태아는 모태에서의 아늑한 일생을 마감한다. 기억까지도 쥐어짜 없어져버리는 꿈속에 빠진 채, 모태를 품고 있는 또 하나의 다른 우주로 나오는 것이 바로 우리가 부르는 탄생이다.

모태라는 세계에서는 죽고 새로운 세계에로의 탄생 사이에는 꿈이라는 것이 끼어 든다. 그러나 꿈의 입장에서 보면, 오히려 현실이야말로 진정한 의미에서의 꿈이 아닌지 모르겠다. 말하자면 꿈속에서 현실을 꿈꾸는 것이다. 태어나는 꿈, 늙어가는 꿈, 병드는 꿈, 그리하여 죽는 꿈을 꾸는 것으로 한 생애를 마감한다. 그 사이 사이에 사랑하고·미워하고·만나고·헤어지고·구하고·얻고·잃고 하는 온갖 것이 벌어진다.

누가 알랴! 우리가 쳐다보는 저 우주가 사실은 내 안의 것이 휘어져 나와 비추어진 거울 속의 그것인 줄을…. 우리는 거울 속의 나를 보면서 저기 저 안에 또 하나의 사람이 있다고 신기해하는 꼴을 면치 못할 것이다. 아무도 장담할 수 없는 일이다. 그 어떤 증명으로도 증명법이 가지고 있는 허물에 부딪치고 나면 죄다 말장난에 불과하다. 그러므로 꿈과 같다고 하신 것이다. 부디 대몽각大夢覺할지어다.

왜 꿈과 같은가? 마음에는 꿈과 현실이 따로 정해져 있지 않기 때문이다. 마음에는 애당초 꿈이라고 하여 이것은 가짜 마음이니 안심하여도 좋다고 한다거나, 이것은 현실 마음이니 조심하여야 한다거나, 하는 너그러움이 없다. 이것은 현실의 마음, 이것은 꿈의 마음이라고 따로따로 정해져 있다가, 현실에는 현실 마음이 나오고 꿈에는 꿈의 마음이 나오는 것이 아니라는 말이다. 다만 마음 자체가 꿈이요 현실이다. 그러므로 현실이 아무리 가혹하다 하더라도 또는 아무리 호사스럽다 하더라도 마음의 장난인 한은 다 꿈과 같은 것이다. 그대는 꿈을 꾸고 있는 한 마리 나비이다. 사람 꿈을 꾸는…. 현실도 이러할진대 하물며 꿈속은 더 말할 나위도 없지 않은가?

수행하는 사람은 먼저 꿈을 꾼다. 꿈은 곧 감응으로 나타난다. 만약 어떤 사람이 간절하게 어떤 여인을 연모하면 꿈에 그 여인이 나타나 손을 잡기도 하고 동침하기도 한다. 이와 같은 뜻으로 수행하는 자가 도道에 마음을 두면 먼저 이 꿈과 같은 감응이 나타나게 되므로 맨 처음에 일체가 다 꿈과 같다고 설하신 것이다.

3. 환幻

두 번째 환幻이라고 하는 것은, 요술쟁이에 의해 만들어진 꼭두각시 같은 것을 환이라 한다. 꿈에서나 현실에서나 실제로는 존재하지 않는 것이지만, 허망한 인연에 의하여 나타나는 것이 마치 눈을 비비면 허공 중에 꽃망울이 나타나는 것과 같은 것을 환이라 한다.

원인은 피로한 것이다. 마음이 피로하면 반드시 나타나는 것이 바로 이 환이다. 도道에 뜻을 두어 마음을 살펴 나가는 사람이 어렵사리 일체가 다 꿈과 같다는 것은 깨달았지만, 항상 그 마음이 도에 뜻을 두는 피로가 쌓여 있으므로 그 다음에 나타나는 장애가 바로 이 환인 까닭에 두 번째에 허망한 것으로 이 환을 말씀하신 것이다. 붓다가 나타나 설법을 보이기도 하고, 마구니가 나타나 무섭게 다그치기도 하는 것 따위이다.

하지만 뭐니뭐니 해도 가장 무서운 환은 바로 애증愛憎의 환이다. 만약 그대가 마음을 오로지 한 남자 혹은 한 여자에게 두고서 거두어들이지 못하면, 거기서 생기는 피로함 때문에 사랑과 미움의 환이 허공의 꽃처럼 생겨 도무지 지워버릴 수가 없게 된다. 그렇다면 그대는 지금 무서운 환의 장애를 만난 것이다. 이 환은 '아, 저것은 내가 눈을 비벼서 피로하여 생긴 허공의 꽃망울이다'라고 인식한다 하더라도, 만일 그 눈 비비는 작용을 멈추지 않으면 결코 사라지지 않는다.

왜냐하면 그 원인은 마음의 피로함인데, 그 원인이 사라지지 않기 때문에 그 결과가 뚜렷하게 버티는 것이다. 그대가 만일 이 환의 장애로 괴로워한다면 먼저 눈을 비비는 피로함을 없애야 한다. 그것은 바로 마음을 편안히 두는 것이다. 피곤하면 자고 배고프면 먹고 생각나면 염불하라. 마음을 지나치게 쥐어짜서 피로하여 생기는 것을, 억지로 이기려고만 한다면 환은 점점 뚜렷하게 그대를 더 혼란스럽게 할 것이다.

또한 심한 가난이나 병에 시달려 허덕이는 것도 환이다. 마음이 그것에만 매달려 쉴 틈이 없기 때문에 가난한 현실이 잔인하게 더 짙게 마룻바닥까지 파고드는 것이다. 가난과 병으로 인하여 마음이 지쳐 있을 때 생기는 이 환은 참회법이 좋다. 참회하면 마음이 쉬어지고 마음이 쉬어지면 환은 저절로 사라지는 것을 눈으로 보게 된다. 그것은 큰 기쁨이다. 묘한 이 이치가 그대에게 도움이 되기를 바란다.

4. 물거품〔泡〕

세 번째는 물거품〔泡〕이다. 수행하는 사람이 꿈과 같고 환과 같다는 이치를 잘 알고 대처했다 하더라도 다음에 생기는 이 물거품과 같은 유위법에 걸리면 큰 일이 아닐 수 없다.

무엇이 물거품인가? 예를 들면, 신통력 같은 것이다. 물 위를 땅 위처럼 걷고, 땅속을 물처럼 헤집고 다니며, 허공을 계단처럼 오르내리고, 오른손에선 물을 내고 왼손에선 불을 내며, 죽은 자를 살리고, 문이 잠긴 방을 연기처럼 드나들 뿐만 아니라, 남의 마음속까지 마음대로 드나들어 속내를 다 아는 등등이 여기에 해당한다. 얻은 것이 참으로 신통한 것 같지만, 알고 보면 다 물거품 같은 유위법의 귀신들이 얻는 것들이다. 그래서 경계하여 세 번째로 말씀하시기를 물거품이라 하신 것이다.

그러나 뭐니뭐니 해도 가장 장애가 되는 물거품은 바로 출세라는 물거품이다. '나는 자수성가하여 이제 이만큼 한 일가를 이루어내고 아름다운 아내와 똑똑한 아이들을 길러냈으며, 남들이 명절 때마다 집으로 찾아오되 빈손으로 오는 사람이 없으며, 집에서 나가면 항상 사람들이 부러워하는 자리에 앉아, 남들이 감히 하지 못하는 어려운 결정을 척척 내릴 수 있으니, 이제 더 부러울 것이 무엇이랴?' 하는 출세의 물거품에 걸리면 도道는 국물도 없게 된다. 그 사람은 반드시 알아야 한다. 이것은 자신의 미래를 짐승이나 지옥이나 아귀에 들기로 담보하고 얻어지는 즐거움이라는 것을….

그렇지 아니하면 부처님께서 일체가 다 물거품 같다고 절대 말씀하시지 않으셨으리라! 왜 부처님이 그렇게 간곡히 물거품과 같다고 말씀하셨겠는가?

"이 사람아, 그대의 이루어낸 것이 진실로 물거품과 같기 때문에 그리 말씀하신 것을…"

5. 그림자[影]

네 번째는 그림자와 같은 것이다. 수행하는 사람이 도에 뜻을 두어 비록 일체가 다 꿈과 같고 환과 같고 물거품과 같다고 알아, 그 화를 피하기를 날쌘 사람이 독화살을 피하듯이 피하였다 하지만, 이 그림자와 같은 논변의 사슬은 견고하고 질겨 함부로 끊기 어려우므로, 네 번째에 말씀하시기를 그림자와 같다고 하신 것이다. 어떤 논변인가? 삼삼은 구, 구구는 팔십일이다.

이를테면 어떤 사람이 동굴 안에서 삼삼은 구요, 구구는 팔십일이라 하고 있는데, 밖에서 햇빛이 들어와 동굴 안을 비추니 벽에 그림자가 생기는 것을 보고 그 그림자를 취하여 한 소식했다고 한다면 그는 그림자에 속은 바보이다.

…(미완)

6. 이슬[露]

다섯 번째 이슬과 같다 하는 것은, 때에 따라 생멸하는 인연법을 기대어 깨달음을 삼는 것을 경계하신 말씀이다.

…(미완)

『유마경』관중생품觀衆生品을 보면 다음과 같은 문답이 나온다.

문수 : 보살은 어떻게 중생을 보아야〔觀〕합니까?

유마 : 비유하면, 환술 부리는 사람이 환술로 만든 사람 보듯이 보살은 중생을 보아야〔觀〕합니다. 지혜로운 자가 물속의 달을 보듯, 거울에 비친 얼굴 보듯, 열사의 아지랑이 보듯, 골짜기의 메아리를 보듯, 물거품을 보듯, 파초의 겉껍질을 보듯, 번개가 잠깐 머무르는 것을 보듯, 보살이 중생을 보는 것도 이와 같이 보아야 합니다. (중략)

문수 : 보살이 이와 같이 (중생을) 본다면 어떻게 자비를 행하겠습니까? (즉 아니 중생이 그와 같이 허망한 것이라면 도대체 자비를 행할 필요가 어디 있겠습니까?라고 한 것)

유마 : 보살이 (중생을) 이와 같이 본다면 스스로 '나는 마땅히 이와 같은 법을 설한다'고 생각할 것이니, 곧 이것이 진실한 자비인 것입니다.〔즉 중생이 이와 같이 허망한데도 중생들은 스스로를 견고하여 무너지지 않는다고 생각하기 쉽고, 실체인 존재라고 생각하기 쉽고, 진실하여 가꿀 만한 것이라고 생각하기 쉬운 함정에 빠져 있으므로 보살이라면 마땅히 이와 같이 본 그대로를 조금도 틀리지 않게 설하여 준다면, 혹 인연 있는 중생은 알아듣고 관觀을 바로 세울 것이니, 이것이야말로 진실하고도 진실한 자비라고 하는 뜻. 여기서 중생은 유정물〔생명체〕만을 말하는 것이 아니고, 자기의 몸과 짝하여 빚어내는 모든 낱낱 마음의 파편들로서의 상념들이라고도 볼 수 있다.〕

인연 있는 이들은 이와 같이 듣기를 바란다.

꿈을 꾸는 그대여,

깨어나도 꿈,

잠에서도 꿈,

어찌하여 미몽迷夢에 사로잡혀서, 확연히 '이것은 꿈과 같다'라고 말하지 못하는가! 대관절 어찌하여…! 일체가 꿈과 같음을 알면 그 누가 생로병사 희로애락을 쫓아 부질없이 분주하게 움직이리. 움직이지 않으면 오히려 움직이느니 움직이지 않느니 하는 것조차 허망한 말인데…. 그러나, 대단히 주의할 점은, 현실＝꿈이라고 하지는 마라. 정신착란증에 걸린다. 다만 꿈과 같을 뿐이다.

이상 일체유위법이 꿈과 같고 환술과 같고 물거품과 같고 그림자 같으며, 또한 이슬과 같고 번개와 같음을 관찰하여 마친다. 구업口業이 분명하여 망어妄語의 업보業報를 마다하지 않고 감히 드러내 놓는 것은 '그대는' 바로 스스로이기 때문이다.

주인과 나그네의 법

주인과 나그네의 법―.

벗이여, 이리 오라! 나는 그대의 몸과 마음의 때와 습기習氣를 벗겨 주리라. 천만 년 전부터 한결같이 주고받으면서 이어온 몸과 마음에는 청소한 자국조차 없어 티끌 같은 먼지는 쌓여 어느덧 다섯 개[五蘊]의 태산을 쌓았구나. 비록 큰비가 와도 우뚝하며 큰불이 나도 다 태우기가 모자라는구나.

벗이여, 이리오라! 나는 너의 친구이니 네 몸과 마음의 때와 습기習氣들을 벗겨 주겠노라. 이 세상은 말하자면 몸과 마음―. 몸은 받고 마음은 짓는구나.

받는 것은 네 가지,

괴로움과

즐거움과

괴롭기도 하고 즐겁기도 한 것과

괴로움도 즐거움도 아닌 것.

짓는 것도 네 가지,

좋은 생각과

나쁜 생각과

좋기도 하고 나쁘기도 한 생각과

좋은 것도 나쁜 것도 아닌 생각이구나.

벗이여, 그대는 이것으로써 사바세계의 진득한 번뇌의 때와 습기習氣의 늪에 빠져 종내는 헤어나지 못하는구나. 이리 오라 벗이여, 내가 그대의 억만 년 묻어온 때와 억겁을 쌓아온 습기習氣를 단 한번에 없애 주고자 한다. 우리는 언제나 다정한 벗이 아닌가 말이다.

몸에는 때가 붙고 마음에는 습기習氣가 붙는다. 때가 붙어 있으므로 몸은 항상 안으로는 욕락의 강이 흘러 조금만 밖으로 새어 나가도 냄새가 나고 고름이 흐르고 피지가 번지고 욕물이 흘러나온다. 아무리 신선한 공기를 들여 쏘이고 산소 같은 향수를 피부에 뿌린다 하여도—. 벗이여, 때가 있는 몸에서 나는 냄새를 막지는 못한다.

습기習氣가 있으므로 마음은 항상 몸을 괴롭히고 마모시키면서도 멈출 줄을 모른다. 이 습기는 커지면 성정性情이 되고 자라면 성향性向이 되어 마치 피지를 짜지 않으면 살갗 속에 파묻혀 살이 되어 버리는 것처럼, 그 후로는 살을 대하듯 애지중지하며 살게 된다. 이 애지중지하는 인연으로 태어날 때마다 그런 성향의 기질을 DNA화하여, 담배 피우고 술 마시고 마약하는 데 활용하여 항상 사람들의 멸시를 받게 되는 과보를 만난다. 이는 마음이 게을러서 몸에 때가 생기고 몸에 때가 생겨서 마음이 비루해지는 관계이다.

벗이여, 이와 같이 보라〔觀法〕!

보는 힘〔觀力〕으로 몸의 때와 마음의 습기들이 마치 햇볕이 비치면 이슬이 사라지는 것을 보는 것과 같이 볼 수 있을 것이요, 물체가 사라지면 그림자도 사라지는 것을 보는 것과 같이 볼 것이다.

첫째,

벗이여!

몸을 보기를 허공과 같이 보라.

허공에는 먼지 한 톨도 머무르지 못한다.

어찌 몸이라고 때가 끼겠는가?

허공은 애당초부터 뜨거움이나 차가움이 없다.

어찌 몸이라고 뜨거움과 차가움을 받겠는가?

허공에는 본디 동서남북 상하가 따로 없다

어찌 몸이라고 안이비설신의眼耳鼻舌身意가 따로 있겠는가?

허공에는 늘어남도 줄어듦도 없다.

어찌 몸이라고 생로병사生老病死가 있겠는가?

허공에는 들고남이 장애가 없다.

어찌 몸이라고 행주좌와行住坐臥에 장애가 있겠는가?

허공에는 모양이 없다.

어찌 몸이라고 곱고 미운 모양이 있겠는가?

벗이여!

가지가지를 다 들어 말하더라도 종이가 모자라기만 할 뿐이지 허공은 다 말할 수 있는 면적이 아니다. 그렇지만 이미 알고 있으리라. 몸을 허공과 같이 본다면 몸에 의지했던 때들이 허공에 내려앉지 못하여 잠시 떠다니는 유령임을—.

실로 그러하다 벗이여, 몸에는 아는 작용이 없다. 아는 작용이 없으므로 그것은 허공과 같다. 몸이 만일 그대의 견해와 같이 아는 작용을 하는 신령한 물건이었다면 죽은 이들도 몸은 온전하게 있으므로 보고 듣고 맡고 맛을 알며 일어나 걸어야 하리라.

벗이여!

이는 사실 진흙덩이에 지나지 않는 것에 경배를 한 우상숭배의 큰 흠이었을 것이다. 나의 몸 나의 몸 하면서 아침마다 닦고 바르며 저녁마다 고운 향수를 뿌리고 하다 보니 그만 저도 모르게 진흙덩어리를 섬기게 되어버린 것이다. 더군다나 진흙의 부활—끔찍한 우상숭배, 그들은 알아야 하리—.

이제 벗이여, 알아들어야 할 때가 온 것이다.

이때를 그대에게서 그냥 지나치게 하지 마라.

천년을 기다리다 만난 연인처럼 붙들어라. 목숨걸고 붙들어라.

그리고 이러한 간곡한 권유에 내 눈물이 모자라게 하지 마라.

둘째,

벗이여!

마음 보기[觀]를 환幻과 같이 보라.

환은 요술로 만들어진 것이다. 진실하지 못한 것이다.

마음이 생각을 만들고, 생각이 나를 만들고, 나는 '이러이러한 놈이다'
라고 스스로 규정하면, 곧 습기習氣에 휩싸이게 된다. 습기에 휩싸여서는
자기[마음]만 노는 것이 아니라 몸도 같이 불러서 가지가지 습기로 만든
요상한 장난감들[담배·술·마약 등]에 동참하게 한다면 귀신에게 홀려 들
어가는 것이 꼭 환과 다름이 없는 것이다. 그래서 환은 진짜가 아니다. 사
막의 아지랑이와 같은 눈속임이다.

몽유병 환자의 생각으로는 진실한 듯하여 자다 말고 그 생각을 따라가
지만, 벗이여, 이것이 어디 차마 의식을 고루 갖춘 이의 정직함이겠는가?
허공에 꽃이 (보이면)생기면 그대는 그것을 따라가려는가? 마음을 보기
를 환과 같이만 보면 최소한 꼭두각시[습기]가 펼치는 장난에 휘둘리지는
않을 것이다.

아아, 우리 부처님께서 말씀하시되, 삼천대천세계의 모든 국토에 있는
모든 부처님을 몸으로 직접 찾아가서 무릎을 꿇고 몸을 굽히며 예배하고
가지가지 보물과 의약과 음식으로써 공양을 드린다 하여도 만일 사람이
차 한잔 마실 시간만이라도 조용히 앉아 관觀한다면 이 사람의 공덕을 저
사람이 따를 수 없다고 하시더니, 참으로 사람이 이러한 관찰을 하지 않
으면, 108배·3천배를 아무리 한들 디딜방아가 위아래로 움직이는 것과
같고, 설법과 문장에 뛰어나도 남한테 자랑하는 것일 뿐이고, 생명을 버

려가며 열심히 삶을 도모한다 하여도 궁극에는 좋은 것을 얻기 위한 모략에 불과할 뿐, 무슨 이익이 있다 하리요!

실로 벗이여, 그대에게는 정녕 이것이 어렵단 말인가! 그렇다면 나는 어떻게 이렇게 관찰하더란 말인가? 나는 그대보다 무엇이 뛰어나서 몸과 마음을 각각 허공과 같이 보고 환과 같이 여기더란 말인가!

벗이여, 나는 그대에게서 들었다.

"나는 술을 끊을 생각도 없고, 끊고 싶지도 않고 담배도 그렇다"라고.

그리고 또 들었다.

"술과 담배를 끊으면 건강하게 오래 산다고 하는데, 오래 사는 것은 하늘의 뜻이니 내가 할 수 있는 일이 아니다"라고.

그리고 또 들었다.

"술을 끊고 담배를 끊어서 행복하다면 술을 마시고 담배를 피워 행복한 것은 왜 고려하지 않는 것이냐? 그런 식으로 한다면 너와 나도 남잔데 그럼 섹스도 끊고 오입도 끊고 다 끊어야 할 것이지 왜 꼭 담배와 술만이냐?"라고. 나는 그대의 이 말을 들으면서 친구로서의 우정과 연민을 가지고 이 글을 쓰게 되었다. 벗이여, 참으로 그대의 말과 같다.

정작 끊으려면 살생의 습기를 먼저 끊을 것이지 왜 담배와 술이겠는가?

정작 끊으려면 음탐을 먼저 끊어야 할 것이지 왜 담배와 술이겠는가?

하지만 들어 보라! 벗이여, 내가 끊으라고 한 것은 때와 습기이지 담배와 술이 아니다. 몸에 때가 있으면 냄새가 나고 마음에 습기가 붙어 있으면 자유롭지가 못하다. 나그네는 떠나지만 주인은 떠나지 않는 법으로 본다면, 때와 습기는 나그네이고 몸과 마음은 주인이다. 그대는 어찌하여 주인의 자리를 나그네에게 빼앗기려 하는가? 몸이 담배연기를 들이마시면서 개운해진다고 하는 것은 전혀 착각에 지나지 않는다. 왜냐하면 몸은 그것을 알지 못한다. 들어오는 것이 담배연기인지 자작나무를 태우는 연기인지 전혀 알지 못한다. 몸에 그런 아는 작용이 없다는 것은 내가 이미 누차에 말하지 않았는가? 아는 작용이 전혀 없는 몸에 담배연기가 들어와 쌓이면 몸에 때가 끼이는 것일 뿐, 더 무엇이 있겠는가? 그래서 몸을 허공과 같이 보라고 한 것이다.

'이것은 담배다. 나는 담배를 피우고 싶다. 나는 담배를 입에 물었다. 나는 담배연기를 들여 마신다. 이것은 자작나무를 태우는 연기가 아니라 담배연기다. 담배연기가 코를 통하여 내 몸 속으로 들어간다. 몸이 개운하다'고 아는 것은 몸이 아니라 마음이다.

마음이 방금 습기를 따라 다니며 몸을 불러 노는 것이다. 그대가 이렇게 함으로써 느끼는 포만감이나 행복감은 그러므로 죄다 나그네의 짐보따리에서 풀어놓은 허접한 것일 뿐이다. 주인의 창고에는 그보다 더 훌륭하고 값진 물건들이 많은데 왜 하필이면 어디서 온지도 모르는 출신불명의 나그네의 보따리에서 풀어놓은 그런 허접한 물건들을 가지고 품위 없게 노느냐 하는 나의 주장이 그대를 도리어 노엽게 했단 말인가?

몸의 때와 마음의 습기는 무서운 도구이다.

비록 지금은 살생을 하지 않지만, 그 도구가 있기 때문에 언젠가는 시기를 만나면 반드시 살생을 할 것이니, 이는 마치 바람기가 있는 여인은 아무리 훌륭한 대장부가 곁에 있어도, 언젠가는 마침내 바람을 피우는 것과 같다. 나는 바로 이 때와 습기를 염려한 것이 그대의 반감 서린 음성을 듣게 된 것이다. 벗이여. 다시 찬찬히 생각해 보라! 우리는 오래된 벗이지 않는가?

몸을 보기를 허공과 같이 보고, 마음을 보기를 환과 같이 본다면 만 가지 허물이 있다 하여도, 거울 속의 형상이라 그대를 더 이상 속이지는 못할 것이다. 뱀이 한순간 허물을 벗어 버리듯이 묶은 때와 습기를 한순간에 벗어버리게 될 것이다.

좌선을 하려고 앉을 때에도 몸과 마음을 그렇게 보라.

좌선을 할 때에도 몸과 마음을 그렇게 보라.

좌선을 마쳐 다리를 풀 때에도 몸과 마음을 그렇게 보라.

좌선에서 나와 일어날 때에도 몸과 마음을 그렇게 보라.

좌선에서 멀어져 걸음을 만들 때에도 몸과 마음을 그렇게 보라.

좌선을 오래하여 피곤해져 경행할 때에도 몸과 마음을 그렇게 보라.

염불할 때에도 몸과 마음을 그렇게 보라.

염불을 마칠 때에도 몸과 마음을 그렇게 보라.

술과 담배를 입에 댈 때에도 몸과 마음을 그렇게 보라.

술이 목을 타고 내려가고 담배연기가 기관지를 타고 폐로 들어갈 때에도 몸과 마음을 그렇게 보라.

담배 연기가 폐에서 나와 허공에 흩어질 때에도 몸과 마음을 그렇게 보라.

나는 이제 더 이상 벗의 허물을 문제삼지 않겠다. 오래된 나의 벗이여, 진실한 벗이 되기에는 이리 어려운 것인가? 아무쪼록 고백하건대 나는 나의 몸을 저 허공과 같이 보아 내 몸에 따라 붙는 촉감들을 때와 같이 여긴다. 아무리 그 느낌이 부드럽고 현란하며 사뭇 따스한 것일지라도, 여지없이 허공 속의 한 티끌로 보아 눈처럼 녹아 내리게 한다.

나는 나의 마음을 환幻과 같이 보아, 내 마음에 그림자처럼 따라다니며 거울 속의 형상처럼 비쳐대는 상념들을 진득한 습기〔습관〕라고 여긴다. 그 생각이 아무리 고상하고 건전하며 감동에 찬 것이라 할지라도, 저 나그네의 보따리에서 풀어낸 것이라면, 고귀한 주인의 행세와는 어울리지 않는다고 갈무리한다. 하물며 담배와 술과 여자들이겠는가?

몸과 마음을 보는 것을 게을리 하면 반드시 큰 손실이 있을 것이다. 저 밥먹는 동안에도 나는 죽어가고 있다. 이것을 아는 데 하늘의 계시와 꿈의 현몽이 필요한 것은 아니다. 부디, 우리 모두 깨어 있기를 바라면서….

몸을 허공과 같이 보고 마음을 환幻과 같이 본다면

만 가지 허물이 있었다 할지라도

트집 잡을 사람은 이 세상엔 없네.

마치 깨끗한 여인에게는 음란심이 없는 것처럼—.

비록 하늘의 천신, 땅의 귀신들이

불을 내리고 뇌성을 울리는 신통을 낼지라도,

그대의 머리카락 한 올도 잡아채지 못하리.

가만가만 귀 기울여 보면

문득 이 몸이 허공을 짚어가는 소리를 들을 게야.

그렇고 말고,

암, 그렇고 말고….

몸이 허공을 닮아가고,

마음이 온갖 요술을 자재로 부리는 것을 보면

만유萬有에 뛰어난 것이 한 줌 손안에 있는 것을—.

계율 지키기

계율 지키기—.

오늘날 말법시대末法時代의 사람으로 태어난 우리들로서는 참으로 계율 지키기가 힘이 든다. 계율이 예나 이제나 없는 것은 아니지만 받아 지니기란 눈먼 장님이 약방문을 읽는 것처럼 어렵다. 어떻게 처방을 받을 것인가?

인류는 원숭이가 아닌 바에야 규범을 존중하도록 진화되어 왔건만, 도리어 오늘날에 와서는 규범은 더 큰 힘의 복종을 의미할 뿐, 스스로의 생로병사에 아무런 도움도 주지 못하는 세속적인 권원權原의 향상만 도모하게 된 조문條文에 지나지 않는다. 그렇다면 우리는 한갓 진화된 원숭이가 아니고 그 무엇일까?

이러한 시대조류의 규범으론 착한 사람조차도 되기 힘들다. 왜냐하면 악인들도 교통규칙은 잘 지키니까.

나는 정말정말 눈먼 거북이가 아득한 바다 한가운데서 구멍난 나무토막에 목을 들이대게 된 희유하고 희귀한 인연으로 불법佛法을 만났다. 4대째 이어지는 안팎으로 철저한 개신교 집안에서 예수 아니면 말도 생각도 생활도 의미가 없는 분위기에서 태어나고 자란 나에게, 누가 와서 부처님을 믿으라고 한 것도 아니요, 예수 믿어도 소용없다고 누가 나에게 와서 협박을 해댄 것도 아니요. 오히려 부처 믿으면 가지가지 화를 당하고 심판을 받고 마귀의 종노릇할 뿐이라고 철저히 교육받은 나로서는, 불법을 만났다는 것이 맹구우목盲龜遇木일 수밖에다. 그와 같음(맹구우목)은 조금도 과장이 아니다.

그렇지만 무슨 소용이란 말인가! 더 이상의 불법인연은 없어 그 흔한 스승 한 분 없고, 남들은 흔히 받는 오계五戒조차도 아직 받지 못하여 쓸쓸히 언제나 홀로 부처님을 부르며, 스승 없는 박복함에 서러워 때때로 마룻바닥에 눈물만 펴붓곤 한다. 비록 홀로 줄기차게 염불한다 하지만, 염불이란 무엇인가? 바로 임 없는 그리움에 지나지 않는다. 임이 있다면 바로 보고 바로 듣고 바로 만지기도 하므로 염念이 필요가 없는 것이다. 임 없는 그리움이 암만 줄기찬들 어찌 임을 보는 것과 비교나 할 수 있을 것인가!

어떤 마을에 두 아낙이 있다고 하자.

한 아낙은 훌륭한 남정네가 있어 항상 즐거워하며 서로 음성을 듣고 얼굴을 보고 손을 만지는데 아무런 어려움도 없어서, 따로 절개 곧은 망부석이 될 이유가 없다. 그러나 이웃집 아낙은 남정네가 없어서 언제나 홀로 쓸쓸히 산다. 그것을 노리고 네 남자가 낮이나 밤이나 항상 아낙을 탐하여 기웃거린다. 틈만 나면 꼬드겨서 자기 여자로 만들려고 갖은 술수를 퍼붓는다. 온갖 유혹 속에서도 이 아낙은 조금도 흔들리지 않고 멀리 있는 남정네를 항상 생각하며 차츰 망부석이 되어가고 있다. 그러면서도 "나는 언제나 우리 낭군을 그리워하면서 굳은 절개를 지켜, 밤낮으로 찾아오는 저 네 사람이 노려도 긴긴 밤을 조금도 두려워하지 않는다"고 생각한다고, 저 남정네 있는 아낙이 부러워하겠는가? 다행히 절개를 지킨다 하니 존숭尊崇한다 하더라도, 처지를 견주어서는 우월감을 가지고 은근히 낮춰보며 비웃음이나 살 뿐….

염불은 임 없는 그리움이니, 임 없는 이로서는 어찌할 도리가 있겠는가. 그렇다고 저 절개 굳은 아낙처럼 남들로부터 존숭이라도 받을 굳은 절개[戒律]도 없고 보면, 도대체 내가 무엇을 힘으로 삼아 긴긴 밤[일생]을 한 사람도 아닌 네 사람[殺·盜·淫·妄]의 건장한 유혹에 넘어가지 않고 떳떳하게 지낼 수가 있단 말인가?

계율의 힘이 아니면 이 긴긴 밤을 무사히 지낼 수가 없다. 계율의 힘이 아니면 저 건장한 네 사나이의 유혹을 도저히 뿌리칠 힘이 내게는 없다. 스승이 있건 없건, 승복을 입었건 속복을 입었건, 계율이 없으면 이루는 선정들마다 다 마구니의 선정이요, 밝히는 지혜마다 다 바람이 불면 훅 꺼지고 마는 속절없는 메마른 지혜일 뿐이다. 일개 아낙들도 다 지키려고 하는 절개를 장부로 태어나 소소한 절개[계율] 하나도 제대로 지키지 못한다면, 만나는 사람들마다 나는 부끄러워할 것이고, 내 아내와 아이들에게조차 자랑스럽고 떳떳하게 대해주지 못할 것이다.

내게 계율이 없다면, 하는 말이 아무리 번드르르해도 짐승의 울부짖음이요, 하는 짓이 아무리 고고한 듯하나 발정난 암원숭이의 애처로운 몸짓에 지나지 않는다. 아, 무엇이 다르단 말인가? 비록 뜻이 굳건하여 염념念念이 상속相續하여 생각생각에 부처님을 잊지 않는다 하여도 생각처럼 촘촘한 것은 아니다. 마치 아무리 비가 장대같이 쏟아진다 해도 잘 보면 빗줄기와 빗줄기 사이에는 틈이 그대로 있는 것과 같이….

믿음〔信仰〕과 발원發願과 선정禪定이 부족하다는 말은 매우 듣기 싫어하면서도, 남들이나 스스로에게서 계율이 부족하다는 말에는 비교적 너그러운 것은 왜일까? 참회하기가 녹록치 않아서일까? 그 낱낱의 것들에 일일이 참회하는 의식儀式을 갖추기가 감히 엄두가 나지 않아서일까? 은근히 계를 받아 지니지 않은 이의 특권(?)으로 누렸던 음행의 맛과 기회를 저장하고 싶어서일까? 청정한 스승이 마땅히 없다고 조소하는 교만한 아상我相 때문일까? 마음이 스승이고 마음이 계율이고 마음이 알파와 오메가임을 깨달은 마른 생선토막 같은 서푼어치 앎 때문일까?

"호주머니에 무거운 돌멩이를 담든 금강석을 담든 가득 채워 큰배에 오른들 저 큰배야 무슨 부담이 되겠는가, 오히려 넉넉할 것이다" 하고, 대승大乘을 믿는 구석이 지나쳐서 그런 것일까? 죄의 성품은 없어 오직 마음 따라 일어나고 마음 따라 없어진다는 그윽한 공성空性을 체달하여 그런 것일까?

아마 그렇다면 나는 마구니의 품앗이를 하고 있는 것일 것이다. 그 어떤 상냥하고 고매한 까닭을 들어도 나는 반드시 선정마다 음행의 뜻을 이루고, 염불마다 어여쁘고 단정한 성품의 형상을 만나 부둥켜안고 어우러져 마당을 뒹굴 것이다. 왜냐하면 마구니의 뜻은 항상 음행과 음탐을 이루려고 하기 때문이다.

그렇다면 나에게 말하라.

너는 지금 음행을 즐기려고 선정을 하고 있는가?

너는 지금 음탐을 이루려고 염불을 하고 있는가?

그게 아니라면 왜 계율을 받아 지니지 않은 채 선정을 하며 염불을 하는가?

내게 말하라. 속히 내게 말하라.

일개 산골짜기에 들어 사는 아낙까지도 절개를 곧게 지니며 뒤로 물러서지 않기도 하는데, 너는 왜 장부로 태어나서 한 번은 음탐에 한 번은 음행에 한 번은 망어에 한 번은 살기殺氣에 몸과 마음을 내주어 윤간輪姦의 업을 즐기면서, 입에 침을 고이며 은근히 계합契合하는가? 하늘의 천신이 알고 땅의 귀신도 아는 일을 아라한이나 보살님들이 모를 것 같은가? 설령 천신이나 아라한이나 보살님들이 모른다 하여도 너의 아뢰야식은 한 치도 어김없이 안다. 너 자신의 소행을, 마치 내 마음을 내가 알듯이….

아아, 천지를 대하여 부끄럽구나! 만물을 대하여 내가 너보다 고귀하다고 내놓을 것이 없구나! 소소한 계율 하나 받아 지니지 못한 내가 복과 덕을 겸비하여 무궁한 시간을 중생들에게 회향하리라는 맹세가, 얼마나 위선적이고 가식적이며 그리고 이루어질 수 없는 번뇌煩惱인가!

나는 저 아난다 존자를 좋아하고 마하가섭 존자를 앙모하였지만, 미처 우파리 존자를 우러러보지 못하였다. 나는 내 몸을 허공과 같이 보면서도

내 몸에 티끌이 붙지 않는 것만 알았지 몸이 허공 속에 달라붙어 있는 것
은 깨닫지 못하였구나! 나는 내 마음을 환幻과 같이 보면서도 환幻이 버
젓이 내 마음인 것은 알지 못하였구나! 두 손으로 얼굴을 감싸고 부끄러
워 또 부끄러워 자꾸만 얼굴을 감싸 보지만, 계율을 받아 지니지 못한 졸
장부의 한은 멈춰지지가 않는다.

  살생하지 않겠습니다.

  주지 않은 것 갖지 않겠습니다.

  내 여자가 아닌 여자들과 놀아나지 않겠습니다.

  거짓말을 하지 않겠습니다.

  술이나 마약을 취하지 않겠습니다.

  이것은 마음과 말과 몸으로 지키겠습니다. 이는 삼세三世의 모든 부처
님들로 계사戒師를 삼을 때까지 지니고 있겠나이다.

  황혼에 금빛 물결로 출렁이는 저 바다여,

  은빛 날개 퍼덕이며 나는 저 새여,

  나그네 서 있는 이 자리엔

  저문 노을에 긴 그림자뿐.

  가는 길 돌아올 땐

  휘파람소리 길고 맑다.

片想 45__

염불과 보름달

염불과 보름달—. 염불은 달과 같다.

염불念佛은 말 그대로 부처님을 마음에 둔다는 것이니 염念하는 사람과 부처님이 있어야 한다. 염念하는 것은 누구나 할 수 있지만 대상이 부처님이 아니면 염불이 아니다.

누가 자기의 애인을 생각하는 것을 기특하다고 할 사람이 있겠는가?

달이 하늘에 버젓이 떠 있지만 땅을 본떠서는 만물을 밝힐 수가 없다. 달은 태양을 본받아서야만 땅을 비춘다.

대상이 부처님이 아니면 생각생각이 모조리 번뇌망상이기 쉽다는 말이다. 설령 그것이 아무리 지극하다 하여도 지극하면 지극할수록 번뇌가 지극할 따름이다.

미인을 생각하면 할수록 번뇌가 아니고 무엇이겠는가? 비즈니스를 생각하면 할수록 번뇌가 아니고 무엇이겠는가?

똑같은 생각을 부처님을 향하게 하면 마치 달이 태양의 빛을 받아 천하를 다 비추듯이 모든 중생심을 다 비추어 그윽한 깨달음에 들어가게 할 것은 의심의 여지가 없다. 묘한 일이다.

아미타부처님은 그 이름이 무려 열 가지 별칭이 있는데, 그 중에 가장 잘 알려진 이름이 무량광불無量光佛이시다. 글자 그대로 그 빛의 장엄하기가 저 하늘의 해보다도 더 밝아서, 비추지 않는 곳이 없기 때문에 무량광불이라 한다. 이 아미타부처님을 생각하면 생각하는 그 마음에는 항상 이 부처님의 빛이 비친다. 그래서 아미타부처님을 생각하는 사람의 얼굴은 늘 밝아 보인다. 실제로 영가들(영혼들)의 눈에는 모든 업의 빛보다는 이 빛이 눈에 탁 들어오므로 문상을 가는 사람이 아미타불을 염불하면 영가는 그 사람에게서 나는 빛을 보고 크게 위로를 받는다. 마치 달이 태양 빛을 받아 빛을 내면, 한밤중에도 달빛을 받아 사람이 두려움 없이 길을 가듯이 편안한 저승길을 간다.

그런데 달에도 여러 가지 모양이 있어 초승달에서부터 반달·상현달·보름달까지 무려 열다섯의 모양을 갖추어 그마다 밝기를 달리한다. 달은 무정물無情物이라 뜻을 내지 못하므로 항상 보름달로 있지 못하지만 사람은 유정물有情物이라 뜻을 낼 수가 있어서 만일 항상 뜻을 갖추어 아미타부처님을 생각하면 항상 보름달과 같은 빛을 낼 수 있는 것이 달과 다르다. 생각해 보라.

대관절 그대가 무슨 공덕이 있어 빛을 내게 하는 힘이 있겠는가? 대관절 저 달이 무슨 광채가 있어 스스로 빛을 내겠는가 말이다. 태양을 대하여서만 달은 빛을 비출 수가 있다. 결코 저 스스로의 힘으로 비추는 것이 아니다. 사람도 마찬가지이다. 말법시대 우리 중류衆類들로서는 스스로 빛을 낼 만한 공덕을 갖추기가 힘이 든다.

천년만년 자성불自性佛을 참구한다 하여도 어쩌다 겨우 하나 둘 나올까 말까 한 일이라고 한다. 그런 확률에 몸을 맡기는 것은 이루어지지 않을 일에 귀중한 목숨을 허비하는 것과 같다. 가히 필부의 용맹이로다. 자신의 완력만 믿고 무작정 싸움터에 뛰어드는 어리석은 만용일 뿐이다. 언제 과연 세상을 비추겠는가?

항상 아미타부처님을 생각하라. 노느니 염불하란 말은 거저 생긴 말이 아니다. 거기에는 매우 심오한 가르침이 담겨져 있다. 그러나 그대여, 기왕이면 보름달과 같아야 하지 않겠는가?

사람들은 태양을 직접 바라보지는 못한다. 너무 밝기 때문이다. 너무 밝아서 사람 눈의 인연으로는 직접 쳐다보기 힘들다. 하지만 보름달이면 다르다. 얼마든지 즐겁게 직접 그 그윽한 밝음을 감상할 수가 있다. 그대 보름달이 되어보지 않겠는가? 살아 있는 사람들뿐만 아니라 떠도는 가엾은 영가들도 의지할 수 있는 보름달과 같은 염불보시를 한번 해 보지 않으시려나? 아니 왜? 너무 거창한가?

몸은 비록 시장에 있으나
도道의 뜻은 오대산 봉우리마다 들어 있다네.
발은 비록 땅 위에 있으나
생각은 항상 저 달에 모자라지 않다네.
인연이 되면 그때
봄에 꽃이 피듯 할 텐데 뭘 그리 서두르시나?
50억 년 전이 바로 엊그제일 뿐인데….

片想 46__
마음공부 할 때

마음공부 할 때―.

마음공부는 한가한 때에 들어가서 한가하게 마쳐두어야 급할 때를 만나 제대로 쓸모가 있다. 만일 그렇지 않고 급한 때에 써먹는다고 마음을 갑자기 들려고 한다면 도리어 크게 당하고 만다. 목마를 때 우물을 파서 물을 얻으려고 하는 꼴이니 어찌 그렇지 않겠는가?

나는 평소에 좌선이니 염불이니 하며 살고 있다. 이러한 나의 모습을 남들이 봤다면(봤다고 해 봐야 나의 중전 정도이지만) 호들갑을 떤다고 할 만큼 조금 했어도, 그나마 막상 일을 당하면 생각만큼 잘 제어되지 않는다. 그런데 하물며 어떤 사람이 이치로만 잔뜩 일체유심조一切唯心造이니ㆍ삼계유심三界唯心이니ㆍ방하착放下着이니ㆍ자성불自性佛에게 다 맡기면 된다느니, 하고 알고 있다가 덜컥 일을 당하면 어찌 될까? 가히 말 안 해도 알 만하다.

마음공부를 처음 할 때에는 이것이 도대체 무슨 짓인가 하고 대수롭지 않게 생각하기 쉽다. 마음과 생각을 같은 것으로 보고 생각을 마음이라

216....

하기도 하고 마음을 생각이라 하기도 한다. 그러나 그것은 엄연히 다르다. 쉽게 말한다면 생각을 따라가는 것은 마음이고, 마음을 따라 일어나는 것은 생각이다. 실제로 마음공부 중에 좌선을 한다면, 가지가지 생각들이 도깨비처럼 나와 그 생각을 따라가는 자기를 볼 수 있다. 이때에 생각은 마음이 만든 것이고, 또한 생각을 따라가는 것도 마음이다. 이는 마치 연을 만드는 것이 사람이고 그 연을 띄우는 것도 사람인 것과 같다. 그런데 이 연이 딱 한 가지만이라면 차라리 그것은 아주 잘 하는 경우이고〔심일경성心一境性〕, 실제로는 잠깐 사이에도 수많은 연들이 만들어져 나오는 것을 볼 수 있다.

처음 마음공부에 들어갈 때에는 동전 하나를 눈앞에 두고 하면 도움이 된다. 그 동전만 쳐다보는데, 눈이 동전 위에 머물듯이 마음을 눈에 머물게 한다. 일단 마음이 눈에만 머물게 해도 대단한 사람이다. 즉, 그 사람은 자기의 소원대로 한 것이니 소원성취를 본 셈이다. 오직 한 경계에만 마음이 머물게 하는 것을 심일경성이라 하여 정定의 근본으로 삼는다.

오직 한 경계에만 머문다고 하는 것에는 여러 케이스가 있다. 어미가 자식을 생각하느라고 아무것도 못하는 것이 그렇고, 자수를 놓는 아낙이 오직 마음을 둥그런 자수판 위에다 놓고 졸듯이 둘러대는 손짓이 그렇고, 연인이 오직 그 한 사람만을 사랑하는 마음으로 가득 차 있는 것도 그렇고, 구두닦이가 번쩍이는 구두광에 자기의 안광을 쏟아내는 것도 그렇다.

만일 그 사람이 도에 뜻을 둔 사람이면 이러한 것들이 다 그의 심일경성이 되겠지만, 도에 뜻을 두지 않는다면 그저 하나의 손짓거리 마음짓거리에 지나지 않는다. 왜냐하면 그의 하는 짓이 도를 이루려고 하는 것이 아니기 때문이다. 아무리 어미아비가 자신들의 아이를 칭찬한다 하더라도 자기 아이만을 위한 것이라면, 그 어미아비를 출가사문이라 하지 못한다. 하는 짓은 비록 다른 사람(자기 아이)을 위한 것이 분명하지만, 거기에 머물 뿐 다른 것에는 차가운 얼음 같으므로 마음이 평등하지 못하여 도인이라 할 수 없다. 이것이 바로 마음공부 하는 심일경성과 세속의 심일경성의 다른 점이라 하겠다.

어떤 사람은 바로 이 두 가지 출세간과 세간의 차이를 뭉뚱그려 이해하기도 한다. 도는 천하를 두루 포섭하려는 뜻을 말하는 것이다. 그것은 소승이 아니라 대승이다. 자기만을 위하여 갈고 닦는 것을 출가라고 할 수 없다. 모든 중생들에 대한 연민의 마음을 낼 인연이 아니면 출가하지 못한다. 아무튼 말이 좀 빗나갔다.

마음공부의 첫째 요령이 바로 그 심일경성(마음을 한 경계에 두어 꼿꼿이 하는 것)에 있다. 앞에서 말한 동전이 좀 익숙해지면 이번에는 동전을 없애고 코끝을 바라본다. 마음은 안에도 없다. 그러므로 마음은 안[內]이 아니다. 마음은 밖에도 없다. 그러므로 마음은 밖[外]이 아니다. 이렇게 안팎을 떠난 상징적인 위치로 몸과 몸 밖의 경계점인 코끝을 바라보는 것은 참으로 의미가 있다.

몸 안과 몸 밖을 연결해 주는 것은 유일하게 호흡이다. 밖에서 들어와 안을 깊숙이 여행하고 안에서 나와 저 우주까지 가는 이 호흡을 잘 보면 제행무상諸行無常과 제법무아諸法無我의 이치를 깨닫게 된다. 이것을 지혜라 한다. 아이큐 높은 데서 얻어지는 것을 말하는 것이 아니다. 교통신호

또박또박 지켜대는 착함에서 얻어지는 것을 말하는 것도 아니다.

　이 과정에서 혹시 무거운 생각이 들 때가 있다. 그 생각은 기억일 수도 있고 상상일 수도 있고, 두 가지가 한꺼번에 짬뽕이 되어 만들어질 수도 있다. 그 생각, 즉 기억이나 상상이 좋은 것이라면 그대는 그 생각을 따라간다. 그 생각이, 즉 기억이나 상상이 괴로운 것이라면 그대는 거기에 또한 마음이 구박 당한다. 이 둘 다 그대를 속이는 것이다. 왜 그것이 기억임을 알지 못하는가? 왜 그것이 상상임을 깨닫지 못하는가? 알기만 하면, 깨닫기만 하면 그대는 그것들을 따라가지 않는 거룩한 맹세를 이루는 것인데…….

　이것을 역류逆流한다 또는 거슬러 올라간다 하는 바로 그 경지이다. 예를 들자면, 고타마 태자가 6년 고행의 피곤에서 지쳐 "이러한 고행으로는 몸을 잃을 뿐 깨달음은 얻을 수가 없겠구나" 하고 생각하고 있었다. 그때에 마침 수자타라는 아리따운 소녀가 "오직 저분이 힘을 얻었으면 좋겠구나" 하는 더없이 순결한 마음으로 유미죽을 바쳤다. 고타마 태자는 가늘고 긴 두 손으로 유미죽을 받아먹고, 바로 앞의 니련선하 강물에 들어가 수자타의 밥그릇을 강물 위에 띄우면서 무척 쇠잔하지만, 그러나 분명한 음성으로 말하기를 "나의 뜻이 바르고 정직하며 이루어질 만한 것이거든 이 그릇은 강물을 거슬러 올라갈 것이다"고 하였더니, 곧 그 그릇이 고타마 태자의 뜻대로 강물을 거슬러 올라가는 것과 같다.(아마도 수자타는 아무런 놀라움이나 무서움 없이 이 광경을 지켜보았을 것이다. 마치 '당신은 그러리라고 생각했습니다'라고 미리 알고 있었던 것처럼)

거슬러 오른다고 하는 것은 이리저리 엉킨 기억이나 상상이나 생각들을 따라 함께 흘러가지 않는 것을 말한다. 삼삼三三은 구九는 확실히 기억이다. 이 기억은 세속에서는 쓸모가 대단한 것일지는 몰라도 생사를 해결하는 도구는 아니다. 사랑하는 이와 함께 오래 사는 것은 확실히 행복한 상상일지는 몰라도 결코 생사의 문은 열지 못한다. 그렇다면 그것들은 그대가 세속에 있을 때에만 조금 쓸모 있는 것들이다. 그래봤자 70이면 그럭저럭 생사가 세속에까지 닥친다. 그토록 요원하던 생사가 어느 새 삼삼은 구를 뚫고, 행복의 쌈지도 뚫고 마치 다 떨어진 헝겊 위로 삐쭉이 솟아난 쇳조각처럼 돌출한다. 이 뾰쪽하게 솟아난 생사의 쇠창살은 어김없이 그대의 목숨을 꿰고 그대가 그동안 혹은 호령하며, 혹은 맹세하며 다니던 골목마다에 비명을 질러대게 할 것이다.

그대여, 역류할 줄 알아야 한다. 거슬러 흐를 줄 알아야 한다. 때가 되면 만사를 제쳐놓고 그 세찬 물살을 거슬러 오르는 저 여리디 여린 연어의 물러서지 않는 삶을 배워야 한다. 이것이 바로 마음공부는 장부가 하는 마지막 일이라고 하는 까닭이다. 너무 늦지 않게 이 마지막 일을 하라. 바로 시작하라. 저 젊음과 정열이 그대를 위로하여 주리라고 오판하지 마라. 그대에게 천년 전부터 뒤따라온 지독한 사랑이 있다고 하더라도 결코 뒤로 물러서지 마라. 물러서면 그대 자신도 잃고 그 사랑도 구제해 줄 길이 끊겨 버린다. 다만 그대가 지극한 도에 드는 길만이 그대의 맹세를 하나하나 이루는 유일한 길임을 명심하라. 마음공부는 한가한 때에 지금 하라.

片想 47__

무아와 공, 그리고 깨달음

무아無我, 공空, 둘 다 깨달음의 언어이다. 무아가 따로 있어서 무아가 아니고, 공이 따로 있어서 공이 아니다. 그 말은 즉 깨달음이라는 말이다. 그 이상도 그 이하도 아니다. 그러므로 무아나 공에 잘못 빠지면 무기無記에 빠진다. 우리 불자들이 매우 조심해야 할 일이다.

사람들마다 무무無無, 공공空空하고 다니니까, 그런 것이 어디 따로 있는 줄 알고 무와 공을 찾아다니는데, 그렇게 따로 찾아다니는 족족 헛걸음일 뿐이다. 무아나 공을 들었을 때에 마땅히 주저앉아 사무치게 깨달아 들어가야 하는 것, 그것이 무無요, 공空이다. 절대 다르게 대하거나 소홀히 해서는 안 된다.

무를 찾거나 공을 만나면 일갈대성하고 물리치고 볼 일이다. 물리나 이치로 따져 알 일도 아니고 알아지지도 않는다. 그것은 바로 그대의 목숨을 요구하는 높은 값을 부를 것이다. 그대는 무와 공을 위해 목숨을 버릴 각오가 되어 있는가? 죽어도 좋다는 거룩한 믿음을 가지고 저 바다에 뛰어들 수 있는 사람만이 겨우 얻어지는 소식의 문제를 가지고, 이해하고 논변하는 수준으로 삼는다고 한다면 그대는 반드시 큰일을 당하여서는生

死大事 황당한 경우를 만나게 되리라.

　부처님 이름을 얻어듣는 것은 우연한 일로 되는 것이 아니다. 그대가 지금 내딛고 있는 그 땅, 한뙈기는 전 우주에서 얼마나 희귀한 곳인가! 이처럼 부처님 법을 얻어듣는 것은 더더욱 희귀한 일이고 우연한 일로 되는 것이 아니다. 내지 거기에서 뜻을 내어 출가한다고 하는 것은 말할 수 없는 깊은 신뢰, 즉 믿음이 없고서는 도저히 생각조차 할 수 없는 일이다. 이 믿음이란 바로 목숨을 초개같이 여길 줄 아는 감연한 의지를 말한다. 사람에게는 목숨보다 더 귀한 것이 없는데 그 목숨까지도 버릴 만한 각오를 불러일으키는 것이 무엇일까? 그것은 바로 깨달음이다.

　항상 나〔我〕를 일으키고 유무단상有無斷常에 빠진다. 사는 것을 보고 죽는다 하고 죽는 것을 보고 산다고 하는 이 전도망상顚倒妄想을 부끄럽게 여겨야 한다. 올바로 보고 올바른 삶을 향한 열정에 대하여 후회하지 않는 선택, 그리하여 먼 훗날 아니 지금 그 깨달음을 그대와 공유하고 싶은 간절한 소망에 휩싸여 있는 나는 누구인가?
　그런데도 사람들은 목숨이 있는 한 누구나 늙고 병들어 죽는다는 이 단순한 명제를 그 까짓 것 나만 하는 것이 아니고 다들 맞이하는 것인데 뭐가 대수랴? 하는 하룻강아지 범 무서운 줄 모르는 소리를 해대는 것을 종종 본다.
　내 친구들 중에도 생사를 이미 초월했다면서 큰소리치는 말이 고작 이런 정도의 생각을 궁극으로 삼는 자들도 있다. 지옥이라도 다 같이 가면 불평할 게 못 된다는 투이다. 피하려고 해도 피해지지 않는다면 떳떳이 맞이하는 것이 대장부답다고 여기는 것이다. 그러나 이는 대장부가 아니라 졸장부의 전형적인 말세를 맞이하는 삶의 태도일 뿐이다. 노병사는 일종의 인생의 말세인데, 인간 일생의 말세를 맞이하여 체념하는 것이 대장부답다고 하는 것이다. 이것이 내가 늘 말하는 '일을 당하여서는 꼼짝 못한다'고 하는 그런 경우가 된다. 이게 무슨 대장부인가? 이런 체념적인 인생관으로 생사를 초월했다고 말한다면 자신을 시궁창에 내던지는 한심하고 허무한 인생관이다.

이것은 결국 무아나 공을 알지 못하거나 매우 잘못 알았기 때문이다. 무아라는 한마디 속에는 수십 년의 수행과 다생의 불퇴심과 다겁의 선지식을 친근함이 들어 있다. 공이라는 한마디 속에는 피를 먹물로 삼고 힘줄을 끈으로 삼아 기록하여 이어온 혼신의 노력이 포함되어 있다. 그런 것을 그대가 이제 단 한 번 듣고서 '생사를 초월하는 법이 여기에 있구나!' 하고 생각한다고 지금 그 서투른 한생각을 자랑하지 마라. 피눈물나는 인연으로 이 한마디를 들었던 것을 어찌 모르는가?

그렇다면 그대여, 마땅히 무아와 공을 체득하는 데 나머지 인생의 힘과 시간을 쓰지 않고, 이제까지 지내온 그 안이비설신의眼耳鼻舌身意의 욕망만으로 만족하지 못하고, 다시 계속 그 욕망의 바다에 누워지내려 하는가? 나머지 인생의 시간을 그대가 아무리 지극하고 정성스런 각오로 아내와 자식들을 위하여 애쓴다 하여도, 그 아내와 자식들이 상속받을 것이라고는 결국 생로병사밖에 더는 없다. 단지 그것을 물려주기 위하여 그대는 밤낮 그토록 애를 쓰는 것인가? 그것만이 그대가 할 수 있는 가족사랑의 전부란 말인가?

  나의 사랑은 그런 것이 아니다. 나의 사랑은 보다 더 장구한 것이며, 지독한 것이며, 끝까지 함께 해주는 것이 있다. 나의 사랑은 잠시 주워 먹이는 것이 아니고, 스스로 가져다 먹게 하는 것이다. 나의 사랑은 내 아내와 자식들이, 그리고 다른 인연있는 모든 이들이 생로병사의 괴로움에서 벗어나게 하는 것이다. 그러나 이것은 내가 먼저 그렇게 하지 않고는 결코 안 되는 일이다. 그러기 때문에 그대의 눈엔 나의 일이 아마 무정하고 멀고 요원한, 이루어질 수 없는 일로 비칠 것이다.

  만일 내가 실패하면 다 죽는다. 다 나를 따라 죽는다. 다 내가 죽음의 괴로움에 빠져 허우적거리는 것처럼 될 것이다. 그러므로 나는 마치 어린 고양이가 연못을 건너는 소름끼치는 긴장감과 망설임으로 이 일을 하고자 하는 것이다. 아, 누가 나의 이 뜻을 꺾으랴?

片想48__

계심繫心

『대열반경』에 다음과 같은 말씀이 나온다.

"모든 선남자 선여인들이 항상 계심繫心이라는 이 두 글자를 닦아야 하
나니, 부처는 여기에 항상 머무느니라. 가섭아, 만일 선남자 선여인들이
이 두 글자를 닦으면 이 사람은 나의 행한 바를 따르고 내가 이르는 곳에
이르게 될 줄 알아야 되느니라."

이 무슨 뜻일까?

계심繫心한다고 하는 것은 마음을 능히 보고, 밖으로 허덕이며 달려나
가지 않게 잘 제어하는 것을 말한다. 밖으로 다녀봤자 얻을 것은 마음 밖
에 따로 없다 하는 깊은 신뢰를 갖추고, 마음을 공空의 끈으로 삼보三寶인
대승大乘에 단단히 붙잡아 매고, 사과(四果:수다원·사다함·아나함·아라
한)의 꿀을 먹으며, 마음밭을 떠나지 못하게 잘 돌보는 것, 이것을 계심이
라 한다.

바로 보살들의 가르침이고, 보살들이 머무는 밭이며, 보살들이 양육하
는 곳이다. 그러므로 계심, 이 두 글자를 늘 마음속에 갖추어 떠나지 않게

하면, 이것은 사랑하는 정인情人이 준 증표를 늘 간직하고 그리워하며, 오나가나 머무르나 앉으나 서나 누우나 여전히 그 사랑하는 사람의 품을 따라 항상 같이 한다는 뿌듯함을 갖추는 것이다. 그러므로 두려움이 있을 리 없다.

부처님의 가르침은 팔만사천 법문을 앞과 뒤로 다 뒤집어 보아도 오직 마음뿐임을 분명히 하셨다. 색(色:물질)을 말씀하셨으나 공空을 말씀하신 것이며, 공을 말씀하셨으나 마음을 말씀하신 것이다. 탐욕과 성냄과 우치를 따져 들어가 보면 그것은 다 마음이다.

중생의 마음 깃을 추려내고 또 추려내 보면 이 세 가지의 마음에 들어 있으니, 마치 파랑·초록·빨강색이 모든 빛의 기본이 되어, 이 세 가지 색을 조합하면 나타내지 못할 색이 없는 것처럼, 탐진치 삼독으로 마음은 온갖 중생심을 빚어낸다. 이것을 제어하는 것은 바로 세심繫心밖에 없다.

『석마하연론』에 이르기를, "어떤 사람이 삼천대천세계에 가득 찬 중생들을 잘 거두어 교화하여 모두 남음 없이 열 가지 선행을 하게 한다 하자. 또 어떤 사람이 한끼의 밥 먹을 만한 시간에 이 '매우 깊은 법'을 관찰하고 헤아린다고 하자. 만약 이 두 사람의 공덕을 비교하여 본다면, 그 첫 번째 사람이 얻게 되는 공덕은 아주 적어서 마치 겨자씨를 부순 2백분의 1과 같고, 두 번째 사람이 얻게 되는 공덕은 아주 넓고 커서 마치 시방세계의 작은 티끌을 부순 수의 분량과 같다"고 하였는데, 이때의 '매우 깊은 법'은 바로 이 계심하는 것을 말한다.

생각해 보라! 여기 두 뿔이 날카롭고 힘센 황소가 있다고 하자. 육신의 힘이 남아 돌아 네 발로 땅을 박차고 몸부림치면 감히 나서서 상대할 짐승이 없고, 뛰어 들어 제어할 사람도 없다. 근육으로 뭉쳐진 힘있는 어깨를 들썩이며, 날카로운 뿔이 달린 머리를 휘둘러댈 때에는 감히 주인이나 조련사라도 가까이 할 수가 없다. 만일 이러한 힘으로 거리에라도 뛰쳐나가 날뛰는 날에는 그야말로 거리가 난장판이 되고 말 것이 뻔하다. 누가 과연 이 황소를 제어하겠는가? 고삐뿐이다! 고삐를 씌우는 것, 바로 이것이 계심하는 것이다.

소의 고삐를 죄어 밭 한가운데 묶어 두면 소는 더 이상 요동할 것을 포기하고 얌전히 고개를 숙여 꼴을 먹는 데만 열중한다. 마치 소의 분탕질을 고삐로 제어하는 것처럼, 마음의 분탕질을 제어하는 계심을 가져 삼보에 귀의하게 하고, 차근차근 아만의 고개 짓을 낮추어 성과聖果의 꼴을 먹는다면, 점점 세상이 잠잠해지고 편안해진다.

그대여 마음을 매어 두어라. 마음을 몸에 매어 두어라. 몸 밖으로 마음이 제멋대로 나가 놀지 않게 마음을 단단히 매어 두어라. 마음 밖으로 나가 놀지 않게 마음을 매어 두어라. 눈으로 색을 보지만 마음을 눈 밖으로 나가게 하지 마라. 귀·코·입·몸·뜻도 마찬가지다. 그저 다만 길을 가다가 돌부리에 걸려 넘어지지 않게만 눈을 사용하면 족한 것을—.

片想 49__

귀의

귀의歸依함―.

귀의歸依한다는 것은 곧 귀명歸命한다는 것이다. 귀명한다는 것은 돌아
가 죽겠다는 뜻이다. 돌아간다는 것은 본원으로 돌아간다는 말이다. 본원
이란 말은 본래의 그 자리를 말한다.

그렇다면 그대의 본래 그 자리, 본원은 어디인가? 그대는 어디로 돌아
가 죽을 것인가? 죽는다는 것은 두려움이 없다는 뜻이다. 두려움이 없다
는 뜻은 이미 믿음이 있다는 말이다. 믿음이 있다는 말은 이루어졌다는
말이다. 이루어진 것이므로 당연히 두려움이 없는 것이다. 그대의 믿음은
무엇인가? 그대는 무엇을 이루었기에 두려움이 없다고 하고, 두려움이
없기에 감히 죽는다고 하는가?

불佛은 본원의 그 자리이다. 그러므로 나는 부처님께 귀명한다.

법法은 믿음이 머무는 그 자리이다. 그러므로 나는 법에 귀명한다.

승僧은 두려움이 없는 그 자리이다. 그러므로 나는 상가에 귀명한다.

귀의한다고 할 때에는 마땅히 그 목숨을 내놔야 할 것이다. 그렇지 않

고 하는 귀의는 다만 하찮은 목숨이나 연명하려고 하는 우스운 짓일 뿐이다. 그렇지 아니한가, 목숨을 따로 애지중지 챙기면서 어디다 귀명하겠단 말인가? 만약 그렇지 않다면 저 힌두교도들처럼, "나마스떼!" 하고 말아라. 그건 단순한 인사일 뿐이기 때문이다. '안녕하십니까!' 하는 정도 말이다.

"나무불! 나무법! 나무승!" 했을 때에는 확연히 다르다. 그러므로, "깊이 신중히 생각하여 바르게 귀의하도록 하라"는 부처님의 당부가 생각나서 한마디 하는 바이다.

도인들의 이야기

도인이 도인과 만나 도를 이야기 할 때,

오랜만에 만났으면, "오랜만이군, 잘 있었는가?"

아플 때 만났으면, "몸은 어떤가? 견딜 만한가?"

점심 때쯤 만났으면, "점심은 먹었는가?"

비즈니스 하다가 만났으면, "돈벌이는 잘 되어 가는가?"

그리고 시간이 되어 헤어질 때에는, "잘 가게! 또 보세" 하고 만다.

그대는, 둘 사이(도인과 도인)에 무슨 거창한 이야기가 오가는 줄 알고 만사를 제쳐두고 달려와 시청(?)하였지만 너무나 시시한 이야기들로 이루어진 도인들의 만남에 뒷발길에 차여버린 배신감을 느꼈는가? 역정이 났는가?

도인들은, 그러니까 깨달은 이들은 주고받는 인사에도 다 깨달음을 주고받는다네. 다만 그대가 그것을 알아보지 못했을 뿐이라네.

내 차라리…

차라리 다신 태어나지 않고 구천을 떠돌 것이다.
붓다와 그 가르침과 승가의 이름을 듣지 못한다면….

차라리 요절하고 제 목숨을 다 채워 살지 않을 것이다.
붓다와 그 가르침과 승가에 귀명歸命하지 못한다면….

차라리 간호하는 이 없이 늘 병들어 시름할 것이다.
붓다와 그 가르침과 승가에서 물러난다면….

차라리 죽어서도 피하지 못하는 괴로움에 머무를 것이다.
붓다와 그 가르침과 승가의 뜻을 이어가지 못한다면….

아직 다하지 못한 채 숨을 쉬고 있다만,
한 번 얻은 이 인연 억만 년을 들여서라도
놓지 않을 것이다.

아무도 이 길을 칭찬해 주지 않는다.

내 아내는 오히려 적당하게 하라며 혹독하게 나를 외롭게 한다.

처자식은 생각해 주지 않고 새벽마다 부처만 찾는다고 적당하게 하라며 협박해 댄다.

몸만 곁에 있고 마음은 멀리 떠나 있는 사람이라며 나를 외진 곳으로 몰아붙인다.

가만히 문을 열고 아직 새벽인 뜰로 나가 감나무를 바라보며 눈물짓는다.

사랑하는 그대여, 내가 만일 이 일을 빨리 마치지 않으면 누가 당신을 정직하게 똑바로 안아줄 수 있겠는가?

내가 만일 이 일에 목숨을 걸지 않으면 누가 그대를 위하여 다시 목숨을 걸어 주겠는가?

닭똥같이 흐르는 눈물 감나무 뿌리에 흘려,

그 뿌리 저 아래 십만 년 전에 묻어 두었던 옛 맹세들을 적신다.

아아, 손으로 한 줌 쥐어 올려보니 이미 흙으로 변해 버린 옛 맹세들…

손바닥 위에 올려놓아 살살 비벼보았다.

'나를 증명하라.

나를 증명하라,

흙이여, 나의 대지여!'

온몸을 수천 겹씩 감아 도는 이 외로움에 왜 나는 돌아갈 곳조차 없을까….

등뒤에는 바로 잠기지 않은 내 집 창문인데….

片想 52__
혼자 하는 습관

습관 때문일까?

꼭 혼자만 해야 하는 것들이 있다.

(특별한 자랑거리는 아니지만)

만화 보는 것(누가 내가 보는 만화를 곁에서 들여다보면 질색한다).

내가 꼭 보고 싶은 영화 보는 것.

그리고 이렇게 음악을 듣는 것.

어렸을 때에는 나처럼 시끌벅적하고 산만한 것을 좋아하던 아이가 우리 동네에서 별로 없었는데…. 그런데 그때도 만화 보는 것만은 꼭 혼자 오간 것 같기는 하다.

영화는, 그 당시 학생이 영화를 보면 최소한 정학停學감이었던 항목이다. 들키면 에누리 없다. 그런데 난 들킬 염려가 없었다. 왜냐고? 바로 영사실에서 보았으니까. 그러니까 필름 돌아가는 기계실 말이다. 시골에 하나밖에 없는 극장의 주인아들이었거든…. 아마 그래서 혼자 영화 보는 습관이 몸에 배었는지 모르겠다. 어쨌든 내가 꼭 봐야겠다고 점찍은 영화는 중국영화든지 서부영화든지 고전영화든지 꼭 혼자 간다.

　난 내가 무엇에 열중하는 것을 남들에게 보이기 싫어하는 내숭이 좀 있는 편이다.

　음악은 거의 절대적으로 혼자 듣는 종목이다. 한때 클래식에 빠져 한 테이프를 다 들으면 또 한 테이프를 사 듣고 한 것이, 어느 새 소나무 두 그루가 있던 내 방에 두 줄로 세워야 할 정도였다. 왜 그렇게 좋아했을까? 음악을 듣다가 누가 찾아오면 꺼버리는 습관이 있었다. 그런데 어쩌다 친구들이나 누나들과 같이 듣게 되는 곳에 있으면, 열중이 안 되는 곤혹을 나 홀로 겪어야 한다. 그러나 매우 심도 있는 열중을 갖추고 영화와 음악을 동시에 다른 사람들과 본 유일한 기억이 있다. 내가 고1 때, 둘째 누나가 누나의 친구랑 함께 나를 데리고 서귀포 시내에 있는 극장으로 데리고 가서 구경시켜 준 '사운드 업 뮤직'이 그것이다. 그 나머지는 만화든지 영화든지 음악이든지 내가 꼭 열중하여야 하는 것은 거의 혼자 했다.

　꿰어맬 수 있는 말인지 몰라도, 내가 불교를 안 것도 혼자 알았다. 철저한 개신교인이었으니 당연히 불교의 대중생활이 있었을 리가 없다. 이것은 끝끝내 지금까지 바뀌지 않는 모양새가 되고 말았다. 염불, 좌선을 남들과 같이 해본 적이 없다. 고작해야 친구 따라 강남 가는 식으로 한두 번 한 것말고는 무리를 짓기는커녕 단둘이도 해 보지 못한 일이다.
　썩 좋은 습관만은 아닌 것 같다. 공유성은 동질성을 확인하는데 줄곧 유효하게 쓰인다는 것을 염두에 두면서도, 나의 이런 행태는 사회적으로 좀 위험한 스타일일 것이다.

　요즘 어떤 때에는 목각으로 동무를 하나 조각해서라도 같이 염불도 하고 좌선도 하고 싶은 생각이 부쩍 든다. 그러고 보니 그것이 바로 불상인 것 같기도 하다. 그러나 집에 불상이 있을 리 만무하고, 그렇다고 저 무지막지한 중전이 내 불상이 되어 주기는커녕 내 불상만이라도 부수지 않으면 다행이다 싶을 정도이니, 어느 때부터인가 좌선할 때에는 내 바로 앞에 불세존께서 단정히 앉아 계시어 나를 가르치고 있다고 아예 생각하게 되었다.

　경행하면서 염불할 때에는 둘 이상의 대중들이 내 뒤를 따라 같이 하고 있다고 생각하게 되고(그래서 절대 소홀히 염불할 수 없다! 내가 만일 한 생각 허투로 염불해 버리면 뒤에 따라 하는 대중들이 어떻게 될 것인가? 오직 내 마음 하나 믿고 따라 하는 대중들인데⋯), 그러다 보니 이제 이렇게 나 혼자만 듣곤 하던 그 음악들을 꺼내어 여러분들에게 내놓게 되는 모양이다.(사실 너무 오래된 기억들이라 곡 제목들도 생각나지 않아서 찾기가 힘든다)

　비록 여전히 듣기는 혼자 듣고 있지만, 공유성은 확보하는 셈이니 동질성은 조금 유지되리라 믿는다.

　홀로 하는 것들이 있으면 적당히 혼자 하라고 조언하고 싶다. 그것은 홀로 늙어가는 것까지 포함해서 하는 말이다. 내 아내는 이 점을 염려한다. 나에게 속으로, '지가 아무리 독불장군으로 홀로 늙는다지만, 늙어가는 것까지 홀로이게 하고 싶지는 않다'는 것이다.

  음악이 참 좋다. 15년도 넘게 안 듣던 것인데···. 혼자 듣고 또 듣다가
그만 잠잘 시간을 넘겨 버렸네.

만남

눈이 색(色:사물)을 보는 동안 그대가 할 일이 하나 있다.

눈이 색을 보는 동안 그대는 마음을 보라.
이와 같이,
귀가 소리를 듣는 동안 그대는 마음을 보라.
코가 냄새를 맡는 동안 그대는 마음을 보라.
혀가 맛을 보는 동안 그대는 마음을 보라.
몸이 접촉하는 동안 그대는 마음을 보라.
뜻이 생각을 하는 동안 그대는 마음을 보라.

이것이 바로 사자의 법이고, 어른의 법이고, 장부의 법이다.
여우나 개나 고양이나 삵괭이들은 항상,
눈이 색을 보는 동안 마음은 아니 보고 색을 쫓아 달려간다.
귀가 소리를 듣는 동안 마음은 아니 보고 소리를 쫓아 달려간다.
코가 냄새를 맡는 동안 마음은 아니 보고 냄새를 쫓아 달려간다.

혀가 맛을 보는 동안 마음은 아니 보고 맛을 쫓아 달려간다.

몸이 접촉하는 동안 마음은 아니 보고 접촉을 쫓아 달려간다.

뜻이 생각을 하는 동안 마음은 아니 보고 생각을 쫓아 달려간다.

이것이 바로 던진 사람은 아니 물고(사자처럼) 사람이 던진 뼈다귀만

쫓아간다(개처럼)는 말이다.

예수 믿거나 부처 믿거나 하여 판가름나는 것이 아니다.

승복을 입었거나 속복을 입었거나 하여 판가름나는 것이 아니다.

가난하거나 부유하거나 하여 판가름나는 것이 아니다.

남자거나 여자거나 하여 판가름나는 것이 아니다.

출생가문이 귀하거나 출생가문이 천하거나 하여 판가름나는 것이 아

니다.

기억력이 좋거나 기억력이 떨어지거나 하여 판가름나는 것이 아니다.

지옥에 있거나 천국에 있거나 하여 판가름나는 것이 아니다.

늘 한결같이 마음을 보는 이것은 정진바라밀다이다 精進.

늘 한결같이 마음을 보는 이것은 지계바라밀다이다 持戒.

늘 한결같이 마음을 보는 이것은 인욕바라밀다이다 忍辱.

늘 한결같이 마음을 보는 이것은 보시바라밀다이다 布施.

늘 한결같이 마음을 보는 이것은 선정바라밀다이다 禪定.

늘 한결같이 마음을 보는 이것은 지혜바라밀다이다 智慧.

그대여,

앞으로 십 년을 살면 십 년을 그렇게 하라.

앞으로 백 년을 살면 백 년을 그렇게 하라.

앞으로 십 생을 살면 십 생을 그렇게 하라.

앞으로 천만 생을 살면 천만 생을 그렇게 하라.

만나는 것은 눈으로 만나든지

귀로 만나든지

코로 만나든지

혀로 만나든지

몸으로 만나든지

뜻으로 만나든지

다 마음의 일이다.

우리의 만남은 바로 이런 것이어야 하지 않겠는가?

마음의 일 말이다.

음악을 듣다가

음악을 듣다 보니 글이 너무 초라하고 무미건조하게 느껴진다.

확실히 글이 음악에 뒤지는 장르임을 알 수 있다.

사람들이 시詩와 소설을 아니 보고 아니 듣고, 까마득히 몰라도

음악은 왜 들어야 하고 알아야 하는지 이제 조금 알 것 같다.

우리 불교에도 문사수聞思修라고 하여 듣고 사유하고 닦는 것은 있어도

견사수(見思修:보고 사유하고 닦는 것)라는 말은 없는 걸로   봐서

듣는다는 것은 그만큼 보는 것보다 더 중요한 것 같다.

실제로 우리 불교에서만큼 듣는 인연으로

깨달음을 삼는 것을 중요하게 가르치는 종교는 없다.

내가 만일 음악에 재질이 있었다면 절대 글을 써서 마음을 표해 놓지는
않았을 것이다.

(그렇다고 글재주가 있다는 말은 아니다. 사실 나는 글쟁이도 아니고 취미
도 없다.)

내가 청년기 때에 피아노를 독습으로 배운다고 초등학교 음악실에서
매일 혼자 피아노를 친 적이 있다. 드디어 '클레이더만'의 '가을의 속삭

임' 같은 곡들을 오기로 기어코 배우긴 했는데, 막상 그것은 나 혼자만을 위한 것들이 되고 말았다. 한번도 다른 사람 앞에서는 연주해 본 적이 없었다. 아주 가끔 내 동생집에 가면 피아노가 있어서 쳐보곤 했지만 이젠 거의 다 까먹어 버렸다.

딱 한 번 앙코르를 받은 적이 있는데, 그것은 내 동네 후배집에 갔다가 마침 아무도 없어서 그 집 피아노로 대충 몇 곡을 두들겨 보았다. 그런데 그 집 며느리가 어디선가 듣고 있다가 나타나서는 박수를 쳐댔던 것이다. 그것이 내가 피아노를 배운 유일한 보람(?)이 되고 말았다. 그 후론 피아노를 칠 기회가 없어서 이젠 거의 도레미 수준으로 돌아가 버렸을 것이다.

요즘 음악을 많이 듣는다. 예전 수준은 아니지만 그래도 한동안 거의 손을 놨던 것에 비하면 매우 부지런해진 셈이다. 음악을 들으려고 부지런히 홀로 있는 공간을 찾게 된다. 역시 음악은 홀로 있을 때 제맛이 난다. 한참 음악을 들으면서 내가 올린 글들을 대하다 보니까 글들이 너무 초라해지고 무미건조해지고 그리고 사양화되어 가는 걸 느낀다.

마치 석양이 물들어 봤자 아주 잠깐 아닌가! 글은 아주 잠깐 마음의 그 자리를 표해 준다. 그것에 비하면 음악은 어떤 때는 하루 종일, 어떤 때는 며칠씩 그 마음을 만들어 준다. 보는 것〔글·色〕이 평면적인 것에 불과하다면, 소리라는 것은 그것 자체로 입체적이다. 시력이 매우 짧은 것에 비하면, 소리를 듣는 청력은 아주 가늘고도 먼 곳까지 단숨에 달려가 소리를 빼앗아 오는 것을 보라!

음악이 참 좋다. 내가 어려서부터 좋아하는 바닷가 마을이 있는데 틈만 나면 나는 그 어촌에서 조그마한 방 하나를 만들어 음악을 듣는 나를 상상하곤 했었다. 그 바닷가 마을은 아니지만 여기 이렇게 손바닥 하나 둘겨우 들어가는 17인치 방에서 다시 듣게 될 줄이야….

'나무관세음보살'

홀로 늙어가네

날 저문 강가에 비스듬히 석양이 기울듯
다 따 버린 귤밭에 새 한 마리 소리 없이 비행하듯
자잘한 뿌리일지라도 끝끝내 가지는 혼자 뻗듯
홀로 늙어가네.

군소리 말고 돌아가라던 역무원의 빨간 깃발에 휘둘려
더욱 가늘어진 장딴지 끈질기게 끌어안고 먼 길 돌아간
낯선 이방 땅에 슬며시 땅거미 질 때
영겁의 웃음소리 반쯤 구부러진 어깨로 막아내며
홀로 늙어가네.

이번 겨울이 마지막인 듯하여 잔뜩 긴장하고 꾀죄죄하게 때 낀 거울
부시럭거리며 부시럭 비춰보는 얼굴 뒤 턱 하니 버티고선
찬 허공에 찌르르르 움찔러 가는 시선으로 천천히 식탁에 앉는다.
고스란히 멈추어 선 채 정지된 움직임으로 꾸역꾸역 집어넣은 음식에

그만한 힘이 있었던 것일까?
쇠심으로 버티던 그것들이 남도 아닌 나에게 애잔한 눈빛 호소하며
홀로 늙어가네.

스쳐 지나친 것들에 대해서는 언제나 지나친 관용을,
더군다나 미숙한 깨달음에 기대었던 것이고 보면 아무 일도 없었던 것 같은 정도의
관용을 베푼다는 뜻으로 돌아다 본 것이었지만
이미 달려버린 기차에게는 한 지점이 겹치지 않는다는 허벌나게 잔혹한 몸짓으로
홀로 늙어가네.

내가 가질 것은 이제 마지막으로 지난 해 하늘에 바치느라 던져두었던
구릿빛 동전이 올라가다 못해 내 발밑에 도로 떨어지면 다시 줍는 그것뿐.
허리를 굽혀 들어 올릴 때는 이미 백골처럼 스르르 분해되리니,
아무런 운명의 힘도 없었던 증거로
홀로 늙어가네.

부석부석 떨어져 나가는 오랜 페인트처럼 비칠거리는 언덕
빛 바랜 지폐를 쑤셔 넣었던 아낙조차 내려가버린 막대기만 꽂혀 있는 빈 성황당

고난도의 균형감각에 의존하던 늙은 사당패 두목
아이가 떠난 후론 한 번도 소리내 보지 못한 피아노
집문서 사이에 보석처럼 간수된 새빨간 립스틱 같은 동그란 도장.
이것들과 함께 늙어가는 듯하여 일일이 찾아가 문안하여 보지만
어림없는 일.
나는 그만—
홀로 늙어가네.

새로 들인 그물침대에 걸터 누워
몸을 흔들거리면서 배시시 웃으면서 중얼거린다.
홀로 늙어가네.

마음어항

허무에 빠지지 마라.

불교공부를 하다 보면 자칫 허무에 빠지기 쉽다.

이른바, 무無 · 공空.

즐길 줄 알아야 한다.

실제로도 무척 재미있다.

가만히 앉아 낚시 없는 낚싯줄을 드리우고

자기 마음의 어항 속을 가만히 들여다보면

알록달록 형형색색의 모습을 단 물고기들이

때로는 우르르, 때로는 무리에서 떨어진 채 혼자 나타났다

또 사라지는 것을 보면 여간 신기하고 재미있는 일이 아니다.

어떤 것은 너무 아름다워 취取해 보려고

그것이 물속의 달인 줄 모르고 훌쩍 뛰어들다가

그만 몸과 마음이 흠뻑 젖어 버리기도 하지만,

마침내 빠져 죽지는 않는다.

첨벙! 뛰어드는 순간에 흩어진 물고기들을 더 이상 붙잡으려는 것이

무익하다는 것을 알고 황급히 도로 빠져 나오기 때문이다.

또 어떤 때는 숨이 막히게 무섭고 징그러워

움찔움찔 피하려고 하다가 그만 자세까지 기우뚱하는 것을 보고는

쓴웃음 지을 때도 있다.

그러나 여하튼 조심하라.

좋은 것이든 나쁜 것이든 만일 거기에 한번 빠지면

헤어나올 길이 막막하다는 것을 알아야 한다.

자기 마음이라고 하여 자기에게 어미처럼 관대히 대해 줄 것이라고 믿

다간 큰코 다친다.

그런데 어느 날 갑자기 그토록 요란스레 오가던 물고기들이 하나도 안

보이고

마치 하늘에서 지름이 5킬로미터쯤 되는 혜성이 땅과 충돌하여

한꺼번에 다 사라져버린 것처럼 도무지 그림자조차 안 보일 때

그때 매우 조심하라는 말이다.

실컷 즐기긴 했는데 즐기느라 그만 자기가 자기의 마음어항을 들여다

보는 것을

깜박 잊은 틈을 타서 취착하는 마음이 슬그머니 모습을 변화하여

텅 빈 항아리를 들고 오는 것이다.

이때에 그 사람의 마음은 다음과 같다.

'나는 저 물고기들이 취할 만한 것이 아니라는 것을 잘 안다.

지들이 암만 오락가락하며 유리창 안의 색시처럼

오색으로 단장하여 나를 꼬드기지만 다 내 마음어항 속의 일임을 잘 안단 말이다.

그러니 암만 그래 봤지 내가 손 하나 내미나 봐라.'

바로 이때에 저 마음은 둔갑하여 들여다보는 자의 눈을 즐겁게 하는 대신

이번에는 아무것도 보여주지 않는다.

이때가 바로 무無나 또는 공空에 딱 빠져 죽기 알맞을 때이다.

그는 이미 들은바 있는 까닭에 그것이 바로 자기가 그렇게 갈구하던

무심無心 또는 공空을 얻은 것이라고 자증自證까지 한다면

그는 불교佛敎를 마교魔敎에 넘긴 대가를 톡톡히 치뤄야 할 것이다.

바로 무색계無色界에 떨어져 세월아 네월아 하고 있는 신세가 된다.

무색계는 무서운 곳이다.

사람들이 잘 몰라서 천당 중의 천당으로 알고 있는 곳이 무색계인데

아는 사람에게는 지옥보다 더한 곳이 바로 이 무색계이다.

물질이 아닌 순수한 의식만으로 이루어진 세계이므로

우리 같이 몸을 가지고 깨달음을 이루려는 의식수준으로는 차마 들어가서는 안 될 곳이다.

아무것도 안 보이는 것을 깨달음으로 삼는다면 눈을 감으면 아무것도 안 보이는데

그럼 그 사람이 깨달았겠는가 말이다?

눈을 감았다고 하여 아무것도 안 보이는 것은 아니다.

캄캄한 것은 보고 있으니까….

색깔대신 캄캄한 것을 보고 있으면서 나는 아무것도 안 보인다고 하면 그는 구제할 방법이 없다.(그러므로 좌선할 때에는 눈을 감지 말아야 한다. 그렇다고 눈을 똥그랗게 뜨고 하는 것도 중도가 아니다.)

불자들이여,

부처님만이 오직 공空을 바르게 이해하실 수 있다.

우리 부처님만이 오직 공空을 말씀하셨다. 이 우주를 통틀어서 부처님만이 공을 설하셨다.

그러므로 그대가 부처가 된 후에 공空을 말하고 공空을 이해해도 조금도 늦지 않으니

아무쪼록 미리부터 궁극의 것을 탐하지 마라.

아무것도 안 보일 때는 애를 써서 즐거운 추억이라도 보이게 하라.

그것이 아무것도 안 보인다고 공空을 얻었다고 망아지처럼 들뜨는 것보다 낫다.

회향

회향回向은 무주상無住相 보시布施이다.

그러므로 회향을 할 때는 인정사정없이 가차없이 해야 한다.

그것은 회향에 빠져버리는 것이다. 이른바 회향삼매.

삼매 없이 하는 회향은 회향에 머물게 하므로

마치 집을 나와 부산으로 간다고 하면서 역驛에 머무는 격이다.

집 나온 보람도 없고 부산에 간 흔적도 없다.

그럼 무엇으로 회향을 삼을 것인가?

늘 이렇게 회향할 수 있을까 나는?

그렇게만 할 수 있었다면 나는 비록 출가하지 않았어도 족히

선삼대先三代 후삼대後三代는 족히 구하였을 텐데….

나는 그대가 살아서는 늘 행복했으면 좋겠고

늙어서는 늘 울적하지 않았으면 좋겠고

병들어서는 늘 위로 받을 수 있었으면 좋겠고

죽을 때에는 늘 두려움 없기를 바라는데,

공짜가 아닌, 나를 희생하고 그렇게 되기를 바랄 수 있을까?

나를 꼭 희생해야만 한다면, 그것은 무엇일까?

나를 꼭 희생해야만 회향의 제단을 쌓을 수 있다면,

나의 살코기가 아닌 바에야 그것은 아마 나의 진실일 것이다.

그러면 묻는다.

나는 그런 진실을 얻고 있는가?

나는 진실되게 밥을 먹고 똥을 싸고 잠을 자고 깨어나는가?

이것이 바로 내가 몸소 수고를 하여 다리에 쥐가 나도록

허리가 뻑적지근하도록 오래 앉는 까닭이다.

그대에게 이 인연이 마침내는 진실하여 허망하지 않았으면 좋겠다.

십난 +難

만나기 힘든 것, 붓다.

듣기 힘든 것, 불법.

믿기 어려운 것, 염불.

하기 힘든 것, 좌선.

놓기 어려운 것, 마음.

들기 어려운 것, 마음.

보기 힘든 것, 열반.

얻기 어려운 것, 도반.

꺾기 힘든 것, 보리심.

이르기 힘든 곳, 구주심봉 久住心峰

종경록宗鏡錄

『종경록』은 중국 송대의 영명연수(904~975, 법안종 제3조) 선사의 법문을 백 권으로 엮은 문답형식의 책이다. 나는 이 책을 참으로 즐겨 읽는다. 동국대학교에서 역경譯經한 책인데 늘 가방 속에 집어넣고 다니면서 보다 보니 좀 헐거워졌다.

원본과 같이 읽어보고 싶은데 구하기가 쉽지 않다. 어찌 보면 불교를 더 어렵게 설명한 책이지만 일체유심조一切唯心造의 도리를 이해하고 본다면 이보다 더 불교를 잘 설명한 책은 아마 없을 것이다. 구구절절이 한 줄 한줄 도무지 버릴 것이 없다. 마침내 나는 이 책의 머리에 만년필로 다음과 같이 써 놓게 되었다.

"이 종경록은 바로 나 한 사람을 위하여 설說하여진 책이다.
다른 두 사람이 있어서 설하신 것이 아니다.
저 먼 중국 송대의 어지신 스님께서 훗날의 나를 불쌍히 보시고
오직 나 한 사람을 위하여 한 우물의 물을 다 길러 먹을 갈고
그 먹물로 백 권의 책으로 접어 팔만사천 경권의 여기저기에 흩어져

있는

   요점되는 말씀들을 마치 금시조가 모든 바다의 용과 모든 땅 위의 봉황
들을

   날카로운 두 발톱에 낚아채듯 지혜와 방편의 법안法眼으로 거두어

   한 자리에 묶어서 말법시대의 스승 없는 나로 하여금 허우적대지 않고

   긴요한 자리에 들게 하셨으니, 삼가 눈물로써 높이 받들고

   감히 한 줄도 소홀히 보아 넘기지 않는 바이다.

   나무 석가모니붓다.

   나무 아미타붓다.

   나무 영명연수 스님."

片想 60__
과보는 내게 더 이상 업장이 아니다

업의 과보는 빨리 받고 빨리 벗어나는 게 좋다.

그러나 부작용이 있으니 함부로 사람들에게 권유하고 싶지는 않다. 다만 물러서지 않는 마음〔不退心〕을 가진 사람에게 하는 말이다.

나는 천성적으로 겁이 많아 조그만 부스럭거리는 소리에도 머리가 쭈뼛하기 일쑤이고, 조금만 아파도 다 죽을 사람처럼 심각하게 고민하곤 한다. 어려서 뭔가 잘못을 저질러 꾸중 들을 일을 남겨 놓으면 그 불안감에 휩싸여 고생이 영 말이 아니었다. 그래서 매도 빨리 맞아야 불안감에서나마 해방될 수 있다는 것을 자연히 터득하게 되었다.

그런 성향 탓인지 받아야 할 과보가 있다면 나는 후닥닥 받고싶은 편이다. 당연히 남들보다는 충격을 많이 받아 챙긴다. 그리고 한번 받아 챙겼다고 생각하면 전혀 미련 같은 것에 머무르지도 않는 편이다. 그런 가운데 부처님 법을 만나 불퇴심을 발원하게 되었으니 나의 성정이 오죽 꼿꼿하게 치솟았겠는가? 늘 원칙을 세우기를, '인연이면 받고 비인연이면 물린다', '때가 되면 받고 때가 아니면 물린다'고 하다 보니, 버릇처럼 항상 이것은 인연인가 아닌가? 이것은 때인가 아닌가? 하는 관찰이라면 관찰을 하게 되었다.

　사람이 가질 수 있는 가장 최악의 것이 무엇인 줄 아는가? 그것은 내가 느낀 바로는 모든 것으로부터 단절되어 철저하게 혼자 고립되는 것이다. 이 과보는 아무나 받는 것이 아니다. 왜냐하면 사람 몸 받았다는 그 자체는 이미 모든 것들과의 인연에서 비롯한 것이기 때문인데, 그럼에도 불구하고 그 모든 것에서 혼자 고립된다는 것은 이만저만한 과보가 아닌 것이다. 아무나 받을 수 있는 과보가 아니다.

　나는 이제 이 과보를 받고 싶다. 내가 받아야 할 과보라는 것을 느끼기 시작했다. 물리치고 싶지 않다. 누구들처럼 『금강경』을 읽거나 염불하거나 참선하고 다라니를 하여서 물리치고 싶지 않다는 말이다. 내가 받아야 할 것이라면 순순히 받을 것이다. 두 눈 시퍼렇게 뜨고 똑똑한 눈동자를 가진 채 받고 싶다. 하물며 몸 있는 모든 자의 당연한 과보인 죽음을 물리치겠는가!

　이 과보의 이름은 무엇인가? 바로 제법무아諸法無我라고 이름한다. 길 모퉁이 돌아서면 새로 만나는 정경, 처벅처벅 군화 소리. 그 아래 스케치북 하나. 도드라진 돌멩이도 매우 낯설다만, 이것이 정녕 나의 세계여야만 한다면, 눈감기 전 똑똑히 보아 다른 길로 돌아가진 않겠다. 돌아간들 다시 와야 할 곳이기에….

다르게 보지 마라

『화엄경』에 이르기를, '마음과 부처와 중생, 이 세 가지는 아무런 차별이 없다[心佛及衆生 是三無差別]'고 한 게송이 있는데, 이것을 현상세계에 풀어놓으면, '생로병사가 서로 차별이 없다'고 단언할 수 있다.

왜 그런가? 만일 이치로 말한다고 할 것 같으면, 생로병사가 비록 그 형상과 성질과 맛은 다르나, 다 한마음의 일이라고 하는 데서 차별이라곤 조금도 없는 것이 마치 단맛·신맛·짠맛·쓴맛 등이 각각 인연이 다르고 형상과 성질이 다르지만 다 한 혓바닥 위에서의 일이라고 하는 것에서는 차별이 없다고 할 수 있는 것과 같다.

즉, 혓바닥이라는 바탕을 떠나서는 단맛도 없고, 신맛도 없고, 짠맛도 없으며, 쓴맛도 없는 것이다. 이미 단맛이라고 했을 때에는 그것은 혓바닥이라는 바탕 안에서의 일이요, 신맛·짠맛·쓴맛도 마찬가지이다. 어찌 차별이 있을 수 있겠는가? 벌어진 것은 족족 다 한마음의 일이다. 그것이 비록 티끌같이 미세한 일이거나, 또는 태산같이 우뚝한 것일지라도….

만일 법음法音으로 말한다고 할 것 같으면, 생즉노生卽老, 노즉병老卽病,

병즉사病卽死, 사즉생死卽生이라고 나열할 수 있겠다. 생을 맛보는 것은 곧 노를 맛보는 것이요, 노를 맛보는 것은 곧 병을 맛보는 것이요, 병을 맛보는 것은 곧 사를 맛보는 것이기 때문이다. 이런 까닭에 아는 사람은(知者) 생로병사를 다 한 성품으로 보지, 서로 다른 네 가지 성품으로 보지 않는다. 서로 다른 네 가지 성품으로 보지 않기 때문에 태어남을 기뻐하지도 않고, 늙음을 서러워하지도 않으며, 병듦을 거부하지도 않고 그리고 죽음을 두려워하지도 않는다. 그것이 다 자기의 마음바탕 안의 일인 것을 사무쳐 알기 때문이다.

이것은 달리 말하면, 곳곳이 그대 마음이 이르는 곳이라면 다 깨달음이라는 것이다. 그곳은 다 부처님이 상주하시는 곳(常住法界)이라는 말이다. 나뭇잎 하나에도, 베갯머리에도, 손가락 끝에도, 고함소리에도, 사랑과 별리에도, 하기 나름에 따라서는 다 깨달음이 그대로 여여如如하게 상주하는 곳이다. 이것을 의심하지 마라. 바로 대신심大信心이라고 하는 것이다.

片想 62__

번뇌를 벗하여

종료되는 것은 아무것도 없다는 것을 알았다. 생·노·병·사生老病死, 이 네 가지 역시 하나가 종료되고 다른 하나가 시작되는 것이 아니다. 그러나 만약 종료된다면 거미줄을 치고 기다리는 번뇌 역시, 하나가 다른 하나에 의하여 대체되는 것으로 종료를 삼을 수는 없는 것이 아닌가? 정말 그렇다면 어디 홀로 늙어 보라.

시작된 것이 있다면 마침내 종료되는 것도 있을 터, 생이 시작된 것이라면 생의 종료는 무엇인가? 죽음인가? 아니다. 죽음은 결코 생의 종료가 아니다. 왜 죽음이 생의 종료가 아닌가? 죽음이 만일 생의 종료라면 죽음 후 생이란 아예 없어야 한다. 죽음 후 생이 없다면 그대가 자신을 돌이켜 보아 검증해 보라. 한 생각이 마치면 다음 생각이 일어나는가 안 일어나는가를….

일어난다면 죽음 후 생이 없다는 말은 사실이 아니요, 안 일어난다면 그대는 돌멩이이거나 기왓장이어야 하는데, 왜 지금 사람인가? 시작이란 애당초 없었으며, 따라서 종료되는 것도 있을 리가 없다. 있을 리가 없는 종료를 기다리거나 신앙한다면 쫄딱 망해도 난 모른다. 쫄딱 망함이란,

바로 번뇌에 폭 빠진다는 말이다. 완전 쫄딱 망함도 있다. 완전 쫄딱 망함이란 자기가 번뇌에 빠져 있다는 것조차 모르는 것이다.

아, 그리고 나는 방금 번뇌에 빠진다고 했지 번뇌가 없다고 하진 않았다. 홀로 늙는 이는 이것을 잘 안다. 사람들은 저마다 부지런히 이 번뇌를 피하려고 하지만, 나는 이 번뇌를 깊이 들이마실 것이다. 어떤 사람은 무익한 담배까지도 들이키며 사는데 아무렴 번뇌가 담배만큼이야 해로울까?

'번뇌를 없애는 것이 즉 도를 이루는 것인데, 번뇌를 없애지 않고 어떻게 도를 이룬다는 말인가?' 하고, 그대는 대번에 반문할 자세를 취하고 있으리라. 나는 이와 같은 무익한 질문을 피하는 데는 번뇌를 고스란히 받아들이는 것만큼 좋은 방법이 없다고 생각한다. 번뇌 즉 보리로―, 번뇌를 초청하지도 않겠지마는 그렇다고 오는 번뇌를 막으려고 어떤 수고도 따로 하지 않는다.

그러므로 자청하여 수고하고 무거운 짐을 지는 대신, 기꺼이 오는 번뇌를 대담하게 조금도 유실하지 않은 채 이 두 어깨로 받아낼 것이다. 설사 번뇌에 부서져 몸이 가루가 되는 한이 있더라도 말이다. 어깨는 그냥 폼으로 생긴 것이 아니다. 나는 나의 양 어깨를 저 록키산맥과 같이 버티어 당당하게 번뇌의 바람을 맞아 안으며, 그 안의 순록과 사슴과 호랑이와 늑대와 뱀과 그리고 말없이 벌떡 일어서서 입정에 든 지 이미 오래된 아카시 나무를 열성적으로 보호하고 키울 것이다.

또한 이런 나를 두고 그대는 번뇌를 가진 가엾은 중생이라고 염려치 마

라. 비록 번뇌를 가진 자로서 번뇌에 시달리기는 할 망정 번뇌에 빠지지는 않을 것이다. 내가 번뇌를 받는다고 번뇌에 빠질 것이라 생각하면 큰 오산이다. 사람들은 번뇌를 피하려고 이것저것 다른 번뇌를 끌어들이지마는, 설사 그리하여 그가 엉망진창이 된 몸으로 망각의 숲으로 간신히 무릎을 질질 끌며 기어 들어가 번뇌의 추격을 따돌리는데 어느 정도 성공했다고 해도 결코 자랑스런 일은 아니다.

나는 또렷한 기억과 의식을 가진 채 번뇌를 온몸으로 받아, 그것이 날라다 주는 낱낱의 괴로움들을 정확하고도 고통스럽게 받아내는 쪽을 택한 대신, 결코 그 번뇌의 늪에 빠지지는 않을 것이라는 말이다. 왜냐하면 나는 번뇌의 추종자도 아니지마는 번뇌로부터의 도피자도 아니기 때문이다. 그리고 내가 왜 번뇌를 피해야만 하는가를 깨닫기 전에는 결코 번뇌를 피하여 튀지는 않을 것이다. 야반도주를 하지 않겠다는 것이다. 오히려 번뇌는 나의 좋은 벗이 될 것이다. 난 그렇게 믿는다. 홀로 늙음에는 번뇌조차도 좋은 벗이다.

片想 63__

일어나라, 깨어 있어라!

그대여, 일어나라! 그리고 깨어 있어라.

화살에 맞았는가? 몸이 중병에라도 걸렸는가? 아님 숨이 그만 멎었는가? 그렇지도 않았는데 왜 등을 바닥에 대고 누워만 있는가?

마지막 호흡은 멀지 않았다. 죽음은 저 젊음이 그대에게서 물러난 것처럼 신속하고도 정확하게 다가오고 있다.

그대여, 일어나라! 그리고 깨어 있어라.

밤이 깊어 새벽과 맞닿은 곳까지 이르렀다고 속삭이지 마라. 보라, 네 처와 자녀들은 잠을 잔다. 네 이웃과 마을들은 잠을 잔다. 온 마을과 나라가 다 잠을 잔다. 손을 드리우고 발을 벌리고 허벅지를 드러내며 짐승 같은 콧소리를 내며 정액을 채운 항아리를 뒤척이며 잠을 잔다. 과연 깨어 있는 사람은 누구누구이던가?

그대여, 일어나라! 그리고 깨어 있어라. 나와 함께, 나와 함께 깨어 있어라.

나는 홀로 눈물짓는다. 고독하다. 이대로 문득 숨을 거두고 싶을 만치 고독하다. 아아, 누가 도대체 나를 이곳으로 이끌고 왔단 말인가! 온통 잠으로 가득한 이 미망迷妄의 세상에….

꼭 잠을 자야 한다면, 이리로 오라. 이리로 와서 내 품에서 자라. 나는 그대를 깨우리라.

정사正思

자기의 남은 목숨이 얼마일까 하고 재어본 사람이 있을까? 목숨은 고사하고 남은 건강이 얼마일까 하고 재어본 사람도 찾아보기 드물 것이다.

오늘 평소에 아는 어떤 사람이 찾아왔다. 사 둔 상가 건물이 별로 신통치 않고 직장도 불안하여 요즘 안절부절이라는 말과 함께, 한 10억만 있으면 한시름 놓겠다면서 중언부언 해대는 것을 한참 들어야 했다. 녹차 한 잔을 나누면서 내가 말했다.

"죽음을 생각해 보았나요?"

그는 갑자기 던진 나의 말에 어리둥절하여 눈을 동그랗게 만들어 보이며 말했다.

"그거야 누구나 다 죽지요."

나는 다 마신 녹차 잔을 들고 씽크대로 가서 물에 담근 다음, 구두약을 꺼내 들고 헝겊에 묻혀 구두를 닦으면서 다시 말했다.

"그럼, 혹시 몸에 중병이 드는 것은 생각해 보셨나요?"

그는 나의 말에 조용했다.

"이제부터 당신은 몸에 중병이 든 것처럼 사세요. 누구나 죽음은 다 받아들이지만, 몸에 병이 드는 것은 별로 생각해 두지 않습니다. 하지만 병은 죽음보다 먼저 당신에게 찾아올 것입니다. 몸에 중병이 들면 그때 가서도 당신이 지금처럼 10억을 생각할 수 있을지 모르겠군요. 아마 그때는 그저 몸만 건강하면 아무 바랄 것이 더 없다고 고백할 것이 분명합니다. 몸만 건강하면 풀빵장사를 하든 구두닦기를 하든 소원이 없겠다고 간절한 심정으로 말할 것입니다. 그런데 지금 당신은 몸에 중병이 든 것도 아닌데 병자조차도 가지지 않는 번민을 자초하고 있습니다. 그려!"

그가 그제야 대답했다.

"그거야 유마님처럼 세속에 별로 관심이 없는 사람이야 그렇겠지만, 솔직히 말해 그러면 인생이 무슨 재미가 있습니까? 인생이야 채우는 맛이고 쓰는 맛이지요. 안 그렇습니까 유마님! 그리고 베란다에 화분이나 난을 키우는 것은 다 키우는 재미가 있으니까 그러는 것이지, 유마님처럼 그런 거 키워 봤자 결국은 다 시들어 죽는다고 할 것 같으면 무슨 재미가 있겠습니까?"

내가 대답했다.

"10억에서 갑자기 난蘭으로 고상하게 바꾸어 버리는군요(같이 웃음). 그러나 마찬가지입니다. 난을 키우면서 난향蘭香을 기대해야지, 난에서 망고가 나지 않는다고 투덜거린다면 그것은 전도顚倒된 번뇌입니다. 그 사람은 난 앞에서 항상 망고를 얻지 못하는 괴로움에 시달릴 것입니다. 그러나 만일 그 사람이 난을 키우면서 아직 난이 꽃을 피우지 않았더라도 언젠가는 꽃이 필 것이고, 꽃이 피면 난향이 그윽할 것이라고 바로 안다면 비록 현재에 난향이 없다 하더라도 그 '없는 것'으로부터 크게 괴로움을 받지는 않을 것입니다. 이렇게 알아야 그는 난을 제대로 키우는 것이 됩니다."

그는 내가 무슨 말을 하는지 잘 이해하지 못하겠다는 표정을 잠깐 지었다. 내가 다시 말해 주었다.

"난에서 망고를 얻겠다고 하는 것은 당신이 지금 10억 운운하는 것이요, 난에서 난꽃이 핀다는 것은 당신이 죽음을 생각하긴 한다는 뜻이요, 난에서 난향이 날 것으로 기대한다는 것은 몸에 중병이 든 것처럼 살라는 뜻의 말입니다."

그제야 그는 '아!' 하고 배시시 웃어 보였다. 그가 나간 후에 나는 그의 등뒤에다 대고 말하는 것처럼 말했지만 사실은 내 스스로에게 말했다.

"실제로 우린 중병이 든 것처럼이 아니라, 지금 중병이 든 사람들입니다. 마땅히 다음 일을 염두에 두고 일을 하지 않으면, 석가세존께서 다시 오신다 해도 때는 늦을 것입니다. 태어난 모든 이들 치고 노병사(老病死)의 큰 병을 앓지 않는 사람은 아무도 없으니까요. 이 바다 한가운데서, 비교적 파도가 잔잔할 때 미리 큰 파도를 준비해 두지 않으면 조각배는 반드시 낭패를 당할 것입니다. 사이사이에 파편처럼 존재하는 젊음과 열망과 쾌락은 인생의 의미나 참맛이 아니라 하나의 착란에 지나지 않은 것입니다. 그러나 지금 당신은 착란을 매우 의미있게 여기는 것입니다. 나중에 반드시 그 과보를 받되 소나 돼지가 주인에게 잡아먹힘과 같을 것입니다. 어찌 두렵지 않고 바쁘지 않으리요."

불자여, 세상의 온갖 것은 젊음도 아니요 즐거움도 아니라, 오직 마음

뿐…. 만일 이 마음을 건지지 못하면 그대의 잘난 몸과 그 몸이 산다고(인생) 하는 것은 마치 모처럼 얻은 귀한 망고열매로 죽을 쑤어 개에게 주고만 격이다.

부처님 이름을 단 한 번이나마 얻어듣고 몸을 굽혀 절을 했다면, 자신의 인생을 마음으로 들어가고 마음으로 나오는 법을 사모해야 한다. 그렇지 아니하다면, 그대가 비록 부처님 앞에 나왔다 하더라도 하나님을 찾는 저 외도들과 조금도 진배가 없으리라. 명심불망 할지어다.

片想 65__

무상無常함, 항상恒常함

그래, 영원한 것은 하나도 없다. 그래서 말인데, 영원하지 않은 것도 하나도 없다. 다만 변하는 것을 가지고 영원한 것이 없다고 한다면, 바로 그 변하는 것을 가지고 도로 영원하지 않은 것은 하나도 없다고 해도, 똑같이 쓸 수 있는 말, 똑같이 사유할 수 있는 견見, 똑같이 생각할 수 있는 염念이다.

그러므로 부처님께서 먼저 제행무상諸行無常과 제법무아諸法無我와 일체개고一切皆苦의 삼법인三法印을 말씀하시고서는, 그와 정반대인 듯이 들리는 상락아정常樂我淨의 열반사덕涅槃四德을 말씀하셨다.

이 몸은 죽을 수 있지만, 저 몸이 나는 것을 막진 못한다.

이 마음은 사라지지만, 저 마음이 나는 것을 어쩌지 못한다.

몸과 마음이 뜨고 가라앉음은 어쩌지 못하지만, 정작 그 몸과 마음은 없앨 수가 없다.

번뇌가 없다면 열반인 것을, 어찌 열반조차 없다고 하랴! 번뇌가 무상하다면 열반은 항상함[常]이 아닌가?

片想 66__

불생불멸不生不滅

유난히 조용한 밤이다. 아니 유난히 조용한 내 맘이겠다. 십념염불十念
念佛 후 좌선하다가 문득 낮에 써 놓은 무상無常과 상常에 대한 단문이 떠
올랐다. 불생不生과 생生이기도 하고, 불멸不滅과 멸滅이기도 하다. 이어서
반야심경을 내내 사유했다. 좌선에 다리가 아프고 있다는 것을 깨닫고는
서서히 일어서서 거실 끝과 끝을 오가며 끝없이 반야심경을 아주 천천히
읊조리며 사유했다.

'미묘하다 이 경經이여!'

만일 사유된 바 마음을 설하고자 했다면, 바다를 먹물로 삼고 땅을 종
이로 삼아 써도 부족했을 것이고, 바다의 모든 소라가 다 함께 닳도록 떠
들었어도 어림도 없었을 것이다. 그런 것을 어쩌면 이렇게 간결하고도 함
축적이고 깊이 있는 한정된 글자로 나타낼 수 있었을까!

나는 어느덧 마음에 두려움이 없다는 경지를 느끼고 있었다. 두려움이

있다면 그것은 두려움을 느끼라고 대놓고 받아내는 의도적인 것일 수 있다고 생각되었다. 의도적…. 한 걸음 더 나아가 말한다면, 받는 게 좋다고 여겨지는 것을 말한다. 두려움을 받는 게 좋다고 의도한다는 것은 자유를 말한다. 아파하는 게 좋다고 의도한다는 것은 자유를 말한다. 감히 말하지만, 함부로 그대가 흉내낼 일이 아니다. 그 옛날 목련존자가 하늘의 제석천(하나님)도 감탄하는 신통을 가졌지마는, 받아 마땅하다고 생각하여 노상 강도들의 칼에 맞아 열반해 버린 것처럼…. 모르는 사람들이 그것을 보고 의심을 하지만, 아는 이들은 목련존자가 매우 의도적으로 홀가분한 자유를 누렸다는 것을 안다. 그는 진정 자유를 알았던 것이다. '생사의 자유' 말이다. 때가 되었다고 느꼈을 때에 강도들이 연극배우처럼 나타나 주었을 뿐이다.

마음에는 본디 그런 것이 없다. 없음에도 불구하고 있다 없다 하는 것은 단지 그러한 것뿐이다. 이제 쫓아가고 싶으면 쫓아가고, 쫓아가고 싶지 않으면 쫓아가지 않으면 된다. 그때그때의 업만 바라보라. 그리고 그 업이 받아야만 할 것이라면 의도적으로 받아버려라. 그것이 바로 그대가 그토록 갈구하던 깨달음 아니던가!

저곳에서 몸을 감춰[沒] 이곳에 나타나면[生] 태어남이라 하고,
이곳에서 몸을 감춰[沒] 저곳에 나타나면[生] 죽음이라 하지만,
생몰生沒이 바로 꿈과 같고 물거품과 같고 아지랑이와 같음을 알면, 뒤바뀌지 않고 태어나고 죽는다. 뒤바뀌지만 않으면 제대로 사는 것이다. 더 이상 바라지 마라.

片想 67__

성지순례 聖地巡禮

꼭 나 혼자만 이 새벽을 지키고 있는 것 같은 외로움과 고독이 느껴질 때, 고난과 순교에 선택적으로 합류된 원망의 마음이 일어날 때, 그렇다고 뚜렷한 발자취를 후세에 남기는 것도 아니라고 느껴질 때, 나는 팔상도八相圖를 비롯한 부처님의 일생을 생각한다. 천천히, 천천히, 마치 비디오 테이프를 돌리듯이….

부처님께서 이 세상에 오시기 전 호명보살로서의 도솔천의 일과, 어느 세계에 태어날 것인가를 살피셨던 일과, 마야 부인의 태 속에 드는 일과, 태 안에서 식識으로 존재한 일과, 식識이 점점 뭉쳐 올챙이 같은 몸을 형성시킴과, 몸이 형성된 후 태 안에서 의젓하게 정좌함과, 룸비니 동산에서 마야부인의 옆구리에서 몸을 투영시켜 나오심과, 나오시면서 자기가 어디서 이름을 무엇이라 불렀고 무엇을 했으며 왜 여기에 오게 되었는가를 또렷이 기억하심과, 자라면서 생로병사라고 하는 대명제에 아이디어를 돌리게 된 그 기발한 착상과, 수많은 이의 경쟁을 물리치고 아름다운 여인 야쑈다라를 차지하였을 때에 울리던 군중들의 환호성과, 그 호화로운 환호성

속에서도 본 정신을 잃지 않는 침착함과, 사랑하는 젊고 아름다운 야쇼다라와의 이별의 인사를 차마 못하고 성문을 나올 때의 그 마음과, 나와서는 스스로 머리를 깎아버리고 시체를 싸던 헝겊을 주워 몸을 둘러 입음과, 스승을 찾아 맨발로 여기저기 피눈물나는 여행을 하심과, 여섯 스승을 만나 그들이 다다른 경지를 터득하시고서도 만족하지 못하였을 때의 그 막막한 실망과, 아직 출가의 목적을 이루지도 못한 채, 자기를 가르칠 스승이 이 세상에 더는 존재하지 않는다고 하는 그 지독한 외로움과, 마지막 남은 자기의 목숨에만 의지하여 하루 쌀 한 톨만 먹으며, 귀에서 공기가 터져 나가다 못해 정수리를 빠개고 솟아오르려는 압력밥솥 같은 호흡을 막는 고행에 죽음 직전에 이르신 것과, 수자타를 만나 그녀가 주는 유미죽을 먹고 몸과 마음이 상쾌해져 그 날 밤 새벽으로 샛별을 보고 스스로 '이것이다'고 아는 깨달음을 이루신 것과, 깨달음의 법열에 스스로 잠겨 스무하루를 법희法喜에 머무신 것과, 이미 할 일을 다 마쳤으니 스스로의 자연스런 의지의 힘으로 열반에 드시려고 한 것과, 이를 안타깝게 여긴 천신 대범천(하나님 중의 하나님)의 간곡한 권청으로 법을 펴시기로 한 것과, 천안天眼으로 세계를 보신 후 인연을 살피신 것과, 인연을 살피신 후 마치 아직 피어나지 않은 꽃봉오리들이 연잎 속에 송송 맺혀 있음을 아심과, 보리수 아래에서 벌떡 일어나시어 붓다로서 처음 발걸음을 옮기시어 녹야원까지 가신 것과, 옛 동료들 다섯 명의 마음을 조복받고 처음 가르침을 펴신 것과, 그 가르침에 대한 감동의 물결이 파도처럼 일렁이며 온 마을과 전 세계로 퍼져나감과, 이후 보석같이 찬란하고 고귀한 인격들이 설렘과 감동의 발걸음으로 사방에서 하나 둘 모여 교단을 이룬 것과, 날마다 몸소 대중들을 이

끌어 이 마을 저 마을로 다니시며 탁발하심과, 가르치심과, 앉아 계심과, 경행하심과, 가사와 발우를 챙기심과, 누우실 때는 늘 오른쪽으로 누우심과, 한때 제자들의 화합하지 못함에 크게 실망하시어 홀로 숲속에 머물러 계심과, 그 숲속의 새들과 다람쥐와 코끼리들을 벗하심과, 하늘국토인 천국에 몸소 올라가셔서 거기 시간으로 반나절을 머무르시며 생모인 마야부인 위하여 법을 설하심과, 그 반나절이 사바세계에서는 3개월이 훌쩍 지나버려 상像을 좋아하던 무리들이 부처님상을 조성하여 억념하던 일과, 나이 80이 되시어 노쇠한 몸을 이끄시고 쿠시나가라 열반지를 향하여 가실 때에 스스로 중생들을 애민하사 의지의 힘으로 세상에 좀더 오래 머물까 하여 제자 아난다에게 은근히, '여래는 스스로의 힘으로 일겁은 능히 세상에 머물 수 있다'고 하여 권청해 주기를 기대하였으나 아난다가 마침 잡념에 골몰하여 기회를 놓쳐버린 그 아쉬움과, 춘다의 마지막 공양을 허락하심과, 그 공양은 붓다만이 드실 수 있는 음식이라며 드시고는 다른 이들이 먹는 것을 허락하지 않으시고 춘다의 허물을 감싸주시며 그 옛날 수자타의 공양을 함께 기억하심과, 공양 후 심한 복통으로 설사를 하면서도 열반지를 향하여 한 걸음 한 걸음 마치 무리에서 떨어져 죽음의 자리를 향하여 걸음을 옮기는 늙은 코끼리처럼 발걸음을 옮기심과, "스스로를 등불로 삼고, 다른 이를 등불로 삼지 마라. 가르친 바 법을 등불로 삼고 다른 것을 의지하지 마라. 이를 위하여 정진하라!"는 마지막 말씀을 하실 때 그 연민하심의 끝없음과, 마침내 두 개의 사라나무 사이에 머리를 북쪽으로 두시고 오른쪽 옆구리를 아래로 가게 하여 누우시고 두 팔을 베개로 하여 열반에 드심과, 다비식이 행해지던 날, 아직 도착하지 않은 상수제자 마하가섭을 위하여 관 속에서 기다리시느라 불이 타오르는 것을 허락하지 않으시고, 그렇다고 신통을 써서 날아오지도 않는 마하가섭의 그 침착한 걸음과, 이 세상에 살아 있는 이로서 당신의 마음을 그대로 아는 오직 단 한 사람인 도반道伴, 그리하여 고독한 깨달음의 외로움을 나누어 가져 준 사랑하는 제자 마하가섭을 위하여 열반의 미묘법문을 관 밖으로 두 발을 드러내 보이심으로 설하신 것

을, 차례차례로 내가 할 수 있는바 최선을 다하여 천천히 세밀하게 생각한다.

이렇게 한 바퀴 성지순례를 하다보면, 나의 외로움이라는 것은 기껏해야 '나[我]'와 '나의 것'으로부터 오는 소유감과 단절되는 데서 생기는 번뇌에 지나지 않음을 문득 본다. 무상과 무아를 미처 챙기지 못한 유치한 것 말이다.

片想 68__

마음공부

마음법을 공부한다고 할 때의 '마음'은 이미 내 마음이 아니다. '내 마음'이 아닌 것이므로 '무심無心'이라 한다. '내 마음'도 아닌데 그것을 '내 마음'이라 하면 안 되므로 '무심無心'이라 할 수밖에 더 있겠는가?

그러므로 '무심'은 마음이 없다는 것이 아니라(이것은 無記), 바로 '내 마음'이 아니라는 것을 깨닫는 것을 말한다. 알고 보니 그게 '무심'이더라 이 말이다. 즉 '내 마음'이 아니라는 것은 무슨 말이냐 하면, 본래부터 존재하지 않는 것이어서, 꿈과 같고, 환幻과 같고, 물거품 같고, 이슬 같고, 번개와 같은 것이라! 어김없이 다만 당처當處의 인연에 불과한 것이라는 말이다. 이것이 보살의 관찰이며 봄이다.

반면에 중생이 왜 중생이냐 하면, 바로 중생은 이와 같은 것을 '있다'고 관찰하고, '견고하다'고 보고, '확실하다'고 의지하는 까닭에 중생이라 하는 것이다. 이에 부처님께서 제법무아諸法無我를 설하셨거니와, 이는 부처님이 법음으로 대성일갈하신 법인法印인데, 따로 무엇이 있다고 하기에 다시 '참나', '진아眞我', 혹은 '대아大我'라고 둘러대고 뽑아내는가? 그 '참나'라는 것 역시 알 속의 알일 뿐, 허망하기는 도로 꿈과 같을 뿐이다.

마음법 공부하는 이들은 잘 새겨들어야 한다. 걸핏하면 모든 이들에게서 '참나'를 찾았다, '참나'를 찾아라, '참나'를 보아라는 소리를 종종 듣는데, 이것이 '자성불'의 의미로 쓰이는지는 몰라도 만일 자성불自性佛, 진여자성眞如自性의 의미로 쓰이고 있다면, 마땅히 '자성불'로 표현해야 옳으며 '참나'라고 하는 외도의 견해를 끌어들여서는 안 된다고 본다(我와 自는 매우 다르다). 그것이 '성령'을 받아라! 하는 말과 조금도 다르지 않기 때문이다.

　　자성불이란, 자기의 성품 가운데 또렷한 그것을 꿰뚫어보는 것을 말하는 것이지, 그렇게 하여 찾은 '참나'를 일컫는 말은 아니다. 꿰뚫어보는 중에(선정 중에) 찾아지는 것이 있다면 죄다 자기 마음이나, 업의 발현이나, 아니면 천마天魔의 소행일 것이라는 것은 부처님의 경전 곳곳에서 익히 경계되어진 일이다. 이렇게 하여 소견을 가지면 그것이 바로 범아일여梵我一如의 조그만 깨달음에 빠져 이것도 나, 저것도 나, 안도 나, 밖도 나, 하고 떠들고 다니게 된다.

　　참으로 무불無佛시대의, 우리는 밖의 외도들보다 안의 외도들이 더 치열하게 흐르고 있는 시대강물에 푹 빠져 살고 있다. 외형은 예나 지금이나 한결같지만 내면의 소식들은 무엇들 하고 있는지 기껏 찾아낸 것들이라곤 '참나' 따위이니, 용수보살이 무엇 하러 이 세상에 나오셨으며, 달마조사가 무엇 하러 낙엽을 띄워 도강渡江을 하셨는지 가슴이 미어진다.

　　도심道心에는 뜻이 아주 없는 우매한 중생들에게 잠시 깊이 마음을 궁구하고 관찰해 보라는 동기 부여로 '참나'를 들먹였다는 것이 마침내 궁극의 개념으로 쓰이고 있다면, 방편이 잘못되었다고 할 수밖에 없다. 심

지어는 한 소식했다고 하는 어느 산승山僧마저 이에 가담하여 곧잘 우레
소리처럼 뱉어내는 것을 보면 도대체 그 산굴 속에서 무엇을 보았기에
'무아無我' 속에 또 '참나'를 끄집어냈는지 재주가 비상하다고 감탄할 수
밖에 없다. 그대가 마음공부 한다고 할 때의 그 '마음'은 이미 '내 마음'이
아니다.

片想 69__
팔만사천을 세 가지로 압축하여

오늘 아침에 팔만사천을 짓이기고 깨어 부수고 작은 알갱이 입자로 만들어 보았다. 도저히 안 되는 일이었다. 그렇게 하여 가지고는 도리어 번잡하기만 하였다. 그래서 이번엔 팔만사천을 요약해 보기로 하였다. 하나로 요약하면 어떻게 될까 하고…. 하나로 요약한다…, 어떻게 하지?

우선 나는 평소 내 특유의 준비운동으로 눈까풀을 천천히 들었다 내렸다 하는 경계를 가지고 마음을 달래보았다.(눈까풀이라고 우습게 보지 마라. 막상 해보면, 그렇게 쉽게 들려지는 물건이 아니라는 것을 곧 알 수 있다. 마음대로 안 되는 일은 바로 이 가장 가깝고 가벼운 눈까풀에서부터 시작된다는 것을 명심하라) 그리고는 눈까풀을 코 끝 바로 위에 올려놓고서는 까만 곳과 환한 곳의 경계선에 마음을 고정시키려고 했다. 그리고는 오로지 숨이 들고나는 것에만 집중하기로 하였다.

숨의 모양은 관계하지 않고 오로지 집중만 하였다. 숨이 거칠든 고요하든 길든 짧든 충분하든 부족하든 가슴에 머물든 아랫배로 내려가든 나오든 들어가든 전혀 내버려 둔 채, 오직 숨쉬는 것에 집중하였다. 계심繫心이라는 두 글자를 오로지 스승으로 삼고—.

어느 순간, 나는 세 가지를 인식하게 되었다. 아니 세 가지만 인식하는 게 좋다고 생각되었다. 몸과 마음과 그리고 호흡, 사실 이 세 가지밖에 없다.

작은 알갱이들을, 타작이 다 끝난 후 텅 빈 보리밭에서 뉘엿뉘엿 저물어 가는 햇살을 등에 업고, 보리이삭 주워 망태기에 담듯 거두어들여, 여기저기 나누어 간추렸더니 결국은 그 세 가지―. 몸과 마음과 그리고 호흡으로 돌아가 버리는 것이었다.

순간,

뭔가 번쩍 스치는 아이디어! 나는 평소에 늘 몸이나 마음이 나(我)가 아니라는 이치에는 누구보다도 뒤지지 않았지만, 그렇다고 사무치게 깨우친 것은 아니었다. 다만 마른 지혜(乾慧)에 의한 감동이나 동의 정도에 불과한 것이었음을 여기서 고백한다. 이런 때를 당하여 어찌 솔직하게 고백하지 않으랴!

그리곤 솔직히 이야기한다면 우선 몸을 살피기로 하고, 몸의 구성요소인 눈과 귀와 코와 혀와 신체를 스캔하듯이 하나하나 뒤져나갔다. 가장 먼저,

눈을 스캔하면서 나는 눈의 세계를 보았다.

귀를 스캔하면서 나는 귀의 세계를 보았다.

코를 스캔하면서 나는 코의 세계를 보았다.

혀를 스캔하면서 나는 혀의 세계를 보았다. 거기엔 분명 하나하나 가득한 세계가 있었다.

몸을 스캔하기 시작했다. 머리끝 모발이 심어진 모공으로부터 발바닥

까지 할 수 있는 한 샅샅이 뒤져나갔다. 안의 기관지와 폐와 심장과 간과 위장과 대장과 콩팥이며 피와 뼈와 뼈의 골수와 세포들까지 할 수 있는 한 세세하게 스캔해 나갔다. 나는 스캔하면서 세포들을 만났다. 노후하면서 퇴화되기 직전의 세포들은 정말 조금만 늦었어도 영영 만날 수 없었던 것들이었다. 만나는 세포마다에 마치 기차를 타고 마을마다 지나면서 그곳 아이들과 눈인사를 주고받는 것처럼 기쁜 마음으로 인사를 하며 행복과 감사와 그리고 더러는 일치감에서 오는 황홀한 믿음을 풀잠자리 알처럼 슬어놓았다.(아마 그것들은 지금쯤 세포의 한 줄기를 세워 우담바라 꽃이 되어 피어나고 있을 것이다.) 일종의 조우遭遇가 아닌가!

몸의 스캔을 마치자 이번에는 자연히 시간이 스캔되기 시작했다. 나는 아주 빠르게 나의 지난날들과 조우하고 있었다. 40대·30대·20대·10대, 그리고 내가 아주 어렸을 때, 그러니까 세 살 때와, 세 살 이전의 갓난아기였을 때의 모습과 조우하면서, 다시 더 나아가 몸이 모태에서 나올 때와, 다시 더 나아가 모태에서 몸을 가지고 있었을 때의 그 세포들의 기억을 만났다. 더 나아가 아직 몸이 완성되기 이전의 세포들과, 세포가 세포이기 전의 하나의 움직임으로 있던 때와, 그 움직임조차 거친 하나의 식음識陰으로서의 마음까지 조우하고 있었다.

조우할 수 있었던 것은 무슨 뜻일까? 그것은 그들이 고스란히 그대로 거기에 있었다는 뜻이었다. 소문처럼 떠나지 않고 퇴화하지 않고 그렇다고 냉동되어 무감각해진 것도 아닌 채로 그대로[如如] 있었다는 뜻이다. 그대로 있다는 것은 기다림이 아니다. 기다림은 또 얼마나 피곤한 일인가! 기다리는 것처럼 보일지라도 그대로 있었다는 것이 더 정확한 것이다. 그들이 각각 변질되지 않고 그대로 있어 준 덕에 조우는 의미있는 일이 된 것이다. 그렇지 않았다면, 이러한 조우는 아무 의미가 없었을 것이다.

식음識陰으로 오기 그 이전까지 거슬러 올라가려고 했는데, 그것은 의미가 없는 것 같아서(무한한 되풀이는 오히려 너무 오래 한 사우나처럼 몸이 풀리게 만들고 질리게 만들지도 모른다고 생각했다.), 다시 역순으로 태에 들어가고·움직임을 가지고 몸을 갖추고·태에서 나오고·갓난아기가 되고·어린아이가 되고·소년이 되고·10대가 되고·20대가 되고·30대가 되고·40대가 되는 순서를 밟아 나왔다.

이 한 순환을 마치고 나니 한 시간쯤 되었다. 결국 나는 알았다. 호흡이 내가 아니라는 사실을―. 호흡이 내가 아니므로 (호흡에 의지하는) 몸이 내가 아니라는 사실을, 몸이 내가 아니므로 마음도 내가 아니라는 사실이다. 그러므로 호흡에도 몸에도 마음에도 의지하지 말아야 한다는 사실이다. 결국 나는 이런 것들을 다 떠나 독존獨存하여야 한다는 사실을 느껴야 했다. 그렇지 않은가! 죽을 때에 내 호흡이 어디에 있단 말인가? 호흡이 없다면 몸은 어디에 의지한단 말인가? 몸이 없다면 마음은 무엇으로 몸을 삼아 움직인단 말인가? 세계라는 것은 이처럼 허망한 것이었다.

눈의 세계가 허망하다. 그것은 눈이 허망하기 때문이다. 이와 같이 귀와 코와 혀와 몸과 의식의 세계가 다 허망하다. 그것들은 단지 인연에 의한 현재에 불과하다는 사실을 모처럼 깊이 인식하게 되었다. 기억과 현재

사이에는 언제나 매개하는 무엇이 있다고 생각하는 버릇이 사람들에게는 있다(아마 그것을 나(我)라고 보는지도 모른다.) 하지만 잘 관찰해 보면 그저 하나의 지나가는 무엇만 있는 셈이다. 그것이 무엇일까. 그것이 무엇이 지나가는 것일까? 그리고 그것은 무슨 뜻일까? 지나간다는 것은…. 다 알진 못했지만, 그렇다고 어지럽진 않다. 오히려 새로 사 신은 구두와 보조를 맞춘 발걸음에 미소가 깔려 있었다.

아, 하늘이 참 맑은 날이다.

말 대가리가 차라리

기억해 내지 못한 대가로 난 내 목숨을 줄여야 했다.

어머니의 그 질긴 자궁의 압력 때문에

아직 물렁물렁한 머리가 짜부라지는 고통에

찌그러진 불구의 기억 때문에

난 몇 번 더 비천한 목숨으로 몸을 받아야 한다.

아직 죽기엔 너무 이른 나이에 각별히 스승에게 누누이 들었던 말,

"이눔아! 정신 똑바로 차리그래-이—. 다 잊어뿔고, 말가죽 훌렁 뒤집어쓰고 싶지 않으면 정신 똑바로 차리그래-이—. 살고 죽는 것만이 다가 아니여, 이눔아! 정신 똑바로 차리고 고개 넘어가그라, 이눔아! 이 미련한 눔아!"

난 마지막 꺼져가는 안광眼光에 포착된 스승의 시퍼런 눈 속에

어미의 눈물이 가득 담긴 것을 보았다.

전력이 끊겨 버린 영화관 안처럼 빛이 눈에서 차단되던 순간, 아득한

정신은 번개같이 번쩍이더니 산 고개 어디쯤엔가 덜컥 주저앉아, 그리운 이름들 차례차례 부르며 망각의 고통을 차단하려 했지만, 짙은 안개처럼 가리운 욕망의 덫 때문에, 단 하나의 의지도 없이 마음의 함정에 퐁당 빠져들고 말았다. 그리고는 온 우주에 단편들로 된 기억만 별처럼 흩어 놓은 채, 난 몰래 어머니의 자궁 속으로 쏙 들어와 숨고 말았다.

무슨 기억들이었기에 그렇게 빨리 놓았을까?
무슨 기억들이었기에 그렇게 서둘러 망각의 양수가 가득 찬 늪으로
벌레가 되어 기어들어 갔을까?
그녀는 밥 맛 떨어지는 여자였을까?
그 친구에게 억만금의 빚을 졌을까?
아니면, 그 스승님 몰래 허드렛일 하던 벙어리 보살을 꼬드겨 살 발라
먹은 것이 가슴에 얹혔던 것일까?

어림없다.
아니다.
기억들이란 그렇게 허무하게 무너지는 것이 아니다.
그것은 다시 투영되기 위하여 반드시 남아 있어야 하는
단 하나의 우주의 질서와도 같은 것이다.
치매에 의해서도, 뇌를 도려내는 수술에 의해서도,
이미 조각된 기억의 건축물은 저 멀리 우주의 광활한 공원 한곳에 비물질의 암형으로 고스란히 전시되어 있다. 때로는 추억으로 때로는 그리움

으로 때로는 그렇게 불리워졌던 이름표를 제목으로 달고, '이것은 작가 누구의 작품이다'라고 설명되어질 분명한 근거를 가진 채 남아 있다.

왜, 나는 그 작가의 기억을 보면서 타인처럼 스쳐지나갈 수 있었던 것일까?

왜, 나는 그것이 내가 남긴 기억들이라고 기억해 내지 못했던 것일까?

"야, 이눔아! 정신 차리그래-이―."

스승은 내가 죽음에서 다시 깨어나기를 바래서 한 소리가 아니라, 붓다의 가르침에서 실족한 나의 발걸음 아래에 으르렁거리며 넘실대는, 흙탕물로 범람한 요단강 물을 바라보며 안타깝게 소리쳤을 것이다. 잘 건너라고, 거기서도 실족하면 여지없이 말가죽 뒤집어쓰니 조심 또 조심하라고, 부디 벙어리 보살 기억하지 말고, 부디 억만금의 받을 빚 기억하지 말고, 부디 못난 그 여자 기억하지 말고, 우선 발조심이나 하여 헛디디지 말라고 고래고래 소리쳐, 마지막 관용의 자비를 베풀던 스승의 그 말을 의지하였더니, 난 모조리 기억을 잃은 채, 아니 그 덕분에, 말의 가죽을 뒤집어쓰는 것은 겨우 면했지만, 손마디마디를 다비하며 아로새겨 둔,

'살생하지 마라'

'주지 않은 것 가지지 마라'

'사음하지 마라'

'거짓말하지 마라'

'술 마시지 마라'

내지, '때아닌 때 주고받지 마라'라는 거룩한 기억들까지 유실한 채,

아 그만 겁도 없이 사람으로 태어나고 말았다.

이럴 줄 알았으면,

이럴 줄 알았으면,

차라리 기억을 놓지 않은 채, 말가죽을 뒤집어쓸 걸⋯.

추억, 그리움, 그 이름으로 남은 채― 들판을 쫓겨다니는 사냥물이 되었을 걸⋯.

그랬으면, 다시 스승의 발을 태우고 기억의 단절 없이 편상할 수 있었을 텐데⋯.

못생긴 여자야,

벙어리 처자야,

억만금 빌려 줬던 친구야,

너희를 망각하고 난 내 목숨은

벌써 백생百生은 단명하고, 병고가 많고 불구인 채로 살아야 하는

업을 잔뜩 지고 말았다.

이 어쩌면 좋으냐?

그 생애 생애마다 받을 멸시와 천대와 고통을 난 어쩌면 좋으냐?

그저 간신히, 기억상실증에도 투영되는 잔주름 같은 기억들이

금간 유리알처럼 남아 있었던 덕에

뒤늦게나마 오늘 이렇게 난,

"나무 붓다[佛]

나무 다르마[法]

나무 상가[僧]"라고 할 수 있다.

늙은 스승의 그 눈물 어린 목 매인 한소리,

"야, 이눔아! 정신 차리그래-이—"가 메아리처럼 저장되어 울려 나온 탓이다.

아주 어린아이 때부터 언제나 마음 한 켠이 늘 답답하더니 그것이 바로 그 외침 소리였을 줄이야, 난 오늘에야 비로소 알았다. 답답함은 기어코 나를 정신으로는 폐쇄공포증과 몸으로는 불치의 천식으로 들어 앉혀 놓은 것임을….

片想 71__

심일경성心—境性의 묘미

이 맛 알기 참 어렵다. 그러나 이 맛 한 번 알면, 다른 모든 눈·귀·코에 머무는 맛이나, 혓바닥 위에 얹혀지는 맛이나, 몸의 감촉에 달라붙는 맛이나, 의식의 낙락장송에 송충이 혹은 균사처럼 들러붙어 기생하는 끈적끈적한 맛에 비할 바가 아니다.

마음을 한곳에 머물게 하는 맛이라고 하면 좀 쉬운 말이 될까? 말이야 좀 쉬워졌을지 모르지만, 역시 이 맛을 알기 어려운 것은 마찬가지이겠다. 나는 이 맛을 알지 못하는 자들과는 한 자리에서 도道를 이야기하지 않는다. 무의미하고 지루하기 짝이 없는 것 앞에서 술잔을 기울인다는 것이 얼마나 짜증나는 일인지 그대는 잘 알겠지.

이태백의 시詩와 세익스피어의 상상과 소크라테스의 철학과 아인슈타인의 영감과 그리고 예수의 은총을 다 들고 나와도 나는 도무지 흥미가 없다. 하기야 사람들도 알고 보면 다 이 한 맛을 가지기 위하여 그토록 몸부림치며 고대고대 발악하면서 사는지도 모른다.

술이 그렇고,

담배가 그렇고,

마약이 그렇고,

오르가즘이 그렇고,

배부름이 그렇고,

가죽 소파 위에 잡지 한 권 손에 들고 커피향을 마시는 것도 그렇다. 이 것 다 알고 보면 그 심일경성을 얻기 위한, 또는 이미 얻었다고 만족하기 위한 표시일지도 모른다. 그 하나에 집중하고 있으면 그때는 행복하니까 말이다. 그러나 그런 것들은 무상귀無常鬼에 잡혀 나갈 때, 머리칼이 멋대 로 헝클어진 정승부인이 끌려가는 천박한 모습을 면할 수 없다. 잠시 마 음이 그런 곳에 안주할 수 있을지 몰라도 그 경계만 벗어나면 소리지르 고, 냅다 뛰어 달아나고, 손톱을 세우고, 머리로 들이받고…. 도무지 정신 이 없다. 안 그런가?

싸우다가 열 받쳐 올라서, 그 열 사그라뜨리려고 담배 한 대 꼬나 물고 꽁초를 쑤셔 넣자마자 다시 덤벼드는 사람을 보라.(사실 난 지금 이웃 사 무실의 두 사람이 이렇게 싸우는 모습을 창밖으로 보면서 그들의 하나하나의 동작에 거대한 심일경성의 맛이 숨겨져 있다는 것을 발견하고 이 글을 쓰는 것이다.)

이 무상귀無常鬼가 잠시 시상詩想에 머물러 있으면 그를 시인이라고 부 른다.

이 무상귀가 잠시 수면에 머물면 그를 잠자는 공주라고 부른다.

이 무상귀가 잠시 깊은 사색에 잠기게 하면 그를 철학가라 부른다.

이 무상귀가 잠시 열정에 머물면 그를 근면한 사람이라 부른다.

이 무상귀가 잠시 연애감정에 머물면 그를 연인이라 부른다.

이 무상귀가 잠시잠시 여기저기에 머물다 가는 것을 인생이라 부르며, 거대한 자기 물건 자랑하듯 뽐내는 그대들…. 어차피 심일경성에 머물기 위하여 갖은 애를 쓴다고 할 것 같으면, 여기 와서 살모사가 자리를 틀고 앉은 것처럼 들어앉아 항상한 마음의 한곳(심일경성)에 들어가 보는 것이 어떠한가?

이 맛이 참 묘하단 말일세. 배시시 웃음이 나온단 말일세. 콧구멍 속에 들락날락거리는 이 숨이 마치, 눈·귀·코·입·몸·의식을 고루 갖춘 하나의 신식神識, 영물스런 물건 같단 말일세. 지난 밤 마누라 배때기 위에서 놀던 그 심일경성하고는 차원이 다르단 말일세. 허허허…. 암만 애를 써도 배시시한 이 웃음 멈춰지지가 않는구만…. 이때 훌쩍 가야 하는데…. 바로 이때 말씀이야….

구름이 흘러가는가?
바람이 움직이는가?
내버려 둬—.
내 몸 속을 돌고 돌다 나간 그것인 걸….

片想 72__

알 수 없는 것

마음. 마음은 알 수 없다.

다만 최선을 다할 뿐이다.

그것은 괴로움일 수 있다.

그것은 즐거움일 수 있다.

그것은 괴로움일 수도 즐거움일 수도 있다.

그것은 괴로움도 즐거움도 아닐 수 있다.

그것은 생일 수 있다.

그것은 노일 수 있다.

그것은 병일 수 있다.

그것은 사일 수 있다.

그저 다만, 최선을 다할 뿐이다.

최선을 다하여 깨달을 뿐이다.

죽음이 두려운 것이 아니다.

죽음을 깨닫지 못하는 것이 두려울 뿐이다.

죽음이 빨리 오는 것이 두려운 것이 아니다.

죽음을 더디게 깨닫는 것이 두려운 것이다.

아주 자그마한 괴로움에 무너지는 마음을 보라.

아주 사소한 성냄에 활활 불타는 마음을 보라.

마음은 알 수가 없다.

당해 보지 않으면 도저히 알 수가 없다.

그러나 당하는 것은 확실하고 버티어낼 것인가는 확실하지 않다.

죽음은 확실하지만 버티어낼 것인가는 확실하지 않다.

최선을 다할 뿐이다.

최선을 다하여 앞서지도 않고 뒤쳐지지도 않게 깨달을 뿐이다.

'이것은 괴로움이다' 라고,

'이것은 괴로움의 원인이다' 라고,

'이것은 괴로움이 없어짐이다' 라고,

'이것은 괴로움이 없어지는 길이다' 라고.

그대여, 이처럼 마음은 알 수가 없으니,

부질없이 애쓰지 마라. 다만 깨달을 뿐.

片想 73__

여여如如

꿈속에서도 여여하라.

이 말은 꿈을 꾸지 말라는 말이다. 꿈을 꾸지 말라는 말은 잠을 자지 말라는 말이 아니라 잠을 자되 잠만 자란 말이다. 걷되 걷기만 하고 앞에 가는 처녀의 다리를 만지는 꿈을 꾸지 말란 말이다. 똥을 누되 똥만 누고 은행창구에 서있는 꿈을 꾸지 말란 말이다. 글을 쓰되 글만 쓰고 글의 아름다움을 꿈꾸지 말란 말이다. 사랑을 하되 사랑만 하고 이 사랑이 나를 행복하게 해줄 것이라는 꿈을 꾸지 말란 말이다. 미워하되 미워하기만 하고 이 미움이 나를 괴롭게 한다는 꿈을 꾸지 말란 말이다.

이것이 꿈에서도 여여하다는 말이다.

이것은 오로지 행자行者만이 알고 또한 지자止者만이 안다.

왜 행자行者만이 안다고 하는가? 그렇게 가는 이가 바로 행자이기 때문이다.

왜 지자止者만이 안다고 하는가? 꿈을 멈춘 이가 지자이기 때문이다.

왜 행자라고 하는가? 그렇게 잘 들여다보기에 행자라고 한다.

왜 지자라고 하는가? 보고서 이것은 끊어지는 법이라고 잘 알기에 지자라 한다.

생각생각이 이어지는 것이 앞 파도가 뒤 파도에 밀려나는 것 같아 보이지만, 지관止觀의 유아독존경唯我獨尊鏡에 비추어 보면, 이 거울[鏡]의 신비한 힘은, 바로 그대로 다 비추어 내는 것이 본바탕하고 조금도 다름이 없기 때문에 '바로 이것이 그것이다'라는 붓다의 확신까지도 그대로 비추어낸다.

그대여, 심히 피곤하여 쉼을 갈구하는 그대여, 지금 이 유아독존경이 없으면, 그냥 보통 거울에라도 얼른 비추어 보라. 보이는 것이 있는가? 그것이 바로 이것이다. 바로 그대이다.

片想 74__

지관 止觀

불자들이여, 이 세상에 어려운 일이 있는데, 그것은 관습을—그것이 아무리 나쁜 것이라 할지라도—폐하는 일입니다. 이 일은 지난至難하게 어려운 일입니다. 이를테면 담배 피우는 사람에게는 연인의 모습으로 일 년 삼백육십오 일을 늘 곁에 있어 준다 해도 그의 담배 피우는 관습을 폐하지는 못합니다. 하물며 그에게 다른 덕성들을 전하여 물들게 함이겠습니까? 그 연인은 그것을 깨닫는 순간 슬프지만 자기가 더 이상 아무 것도 그를 위해서 해 줄 수 있는 것이 없다는 무력감에 젖어 그를 떠나게 됩니다.

또한 고기잡이를 하며 살아가는 어촌에 들어간 보살이 그 마을에다 대고 살생은 좋지 않은 것이니 이것을 생업으로 하여서는 안 됩니다 하고 비오듯 구름일듯 설법하여 줘도 씨알도 먹히지 않는 소리가 될 뿐, 살생의 나쁜 업은 폐하지 못합니다. 그 보살은 처음 온 모습 그대로 아무 한 일 없이 그 어촌을 떠나게 될 것입니다.

그 아무리 어리석고 기괴하며 솥바닥의 그을음 같은 것이라 할지라도 그것이 한 번·두 번·한 시간·두 시간·한 사람·두 사람·한 세대·두 세대, 그리하여 이미 관습이 되어 버린 것은 문화의 또는 습관의 옹호를 받으며 당당히 존재합니다. 이것은 눈밝은 보살이 와도 한번 몸과 마음에 새겨진 관습은 폐하기가 쉽지 않다는 말입니다. 그러므로 처음부터 좋지 않은 관습에 놓이지 않는 곳에 태어나는 것은 보통의 인연으로는 안 됩니다. 그것을 일러 중화中華에 태어난다 하고 그 반대로 찌든 관습에 노출된 곳에 태어나는 것을 변방에 태어난다 하는 것입니다.

우리 불교도 마찬가지입니다. 부처를 이루겠다고 불교를 받아들인 우리들에게까지 부처와는 상관없고 불교와는 거리가 먼 관습들이 버젓이 불교라는 이름으로, 부처가 된다고 하는 수행법들이 전통과 습관의 옹호 아래 존재하는 것은, 이 유마와 같은 짧은 견해를 가진 무지렁이들도 이미 통탄하고 있는 일입니다.

그렇다고 이제 와서 제가 초기근본불교로 회향하자고 주장하는 근본 원리주의자가 되고 싶은 생각은 감히 없습니다. 하지만 아무리 관습이 폐하기 힘들다 하여도 그 근본은 역시 마음입니다. 정正과 사邪가 다 이 한마음이라 하는 데서 그것은 어렵지 않게 추리할 수 있습니다. 이 마음을 보는 것은 단 두 가지밖에 없습니다. 선정과 지혜입니다. 그 두 가지뿐입니다. 그러므로 그밖의 것은 다른 곳에서도 얼마든지 찾을 수가 있습니다. 자 보세요.

보시가 아닙니다. 보시는 다른 종교에도 다 가르치는 덕행입니다.

지계가 아닙니다. 지계는 다른 종교에도 다 가르치는 덕행입니다.

인욕이 아닙니다. 인욕은 다른 종교에서도 다 가르치는 덕행입니다.

정진이 아닙니다. 정진은 다른 종교에서도 다 가르치는 덕행입니다.

자慈가 아닙니다. 사랑은 다른 종교에서도 다 가르치는 덕행입니다.

비悲가 아닙니다. 가엾이 여기는 것은 다른 종교에서도 다 가르치는 덕
행입니다.

정신통일〔명상 또는 집중〕이 아닙니다. 정신통일은 다른 종교에서도 다
가르치는 덕행입니다.

기도가 아닙니다. 기도는 다른 종교에서도 다 가르치는 덕행입니다.

주문〔다라니〕이 아닙니다. 다라니는 다른 종교에서도 다 가르치는 덕
행입니다.

예배가 아닙니다. 예배는 다른 종교에서도 다 가르치는 덕행입니다.

절함이 아닙니다. 절함은 다른 종교에서도 다 가르치는 덕행입니다.
만복이 아닙니다.

만복은 다른 종교에서도 다 가르치는 덕행입니다. 천당 지옥이 아닙
니다.

천당 지옥은 다른 종교에서도 다 가르치는 덕행입니다.

이런 것들은 석가모니부처님이 세상에 오시기 전에도 이미 존재하고
있던 것들입니다. 이미 훌륭히 존재하고 있는 덕성의 덕행들에 의해서 붓
다는 이루어지지 않았습니다. 오직 붓다가 오셔서 붓다만의 것을 가지고
붓다만의 것을 이루어 마침내 붓다가 된 것은 다름 아닌 선정〔止〕과 지혜

〔觀〕, 이 두 가지입니다. 이제 분명해졌지요.

지止와 관觀, 이 두 가지는 이 세상의 이치를 그대로 나타내는 진리의 문〔眞如門〕이기 때문에 부처님은 팔만사천 가지의 법문을 설하시어 석가모니 불국토를 장엄하셨어도, 오직 앞과 뒤에는 이 지止와 관觀이라는 큰 대문만이 석가모니부처님의 불국토의 출입을 허락할 뿐입니다. 나머지 팔만하고도 사천 가지라는 문門들은 다 창문에 해당할 뿐입니다.

비록 가지가지 대보살들이 가지가지 방편과 언설로써 팔만 하고도 사천이라는 문을 열어 놓으셨다 하여도 이 지와 관이라는 두 대문을 통하지 않고서는 오히려 막힌 문일 뿐입니다. 혹은 들어가기는 하나 나오지를 못하고 혹은 간신히 나오기는 하나 다시 들어가지 못하는 문일 뿐, 확철대오廓徹大悟하여 왕래가 자유로운 것은 오직 그 왕궁의 왕일 뿐이듯이 오직 이 두 가지, 지와 관의 문이야말로 모든 창문을 열고 닫는 것을 자유로이 허락할 뿐입니다.

화엄을 말씀하셨어도 그것은 지와 관이요, 아함과 방등을 말씀하셨어도 그것은 지와 관이요, 반야를 말씀하셨어도 그것은 지와 관이요, 법화를 말씀하셨어도 그것은 지와 관이요, 열반을 말씀하셨어도 그것은 어김없이 지와 관이었을 뿐입니다.

왜냐하면 붓다만의 것이고 붓다만이 가진 붓다의 처음과 끝이 바로 이 지관이기 때문입니다. 이 지관으로 붓다는 안락과 고행이 인생의 길이 아님을 꿰뚫어 보셨고〔觀〕, 그 길을 멈추셨습니다〔止〕.

꿰뚫어 보고 멈추신 후에도 늘 지관에 머물러 계시기를 왕이 왕궁에 늘 머물러 있음과 같이 하셨습니다. 머물러 계신 후에는 머무르는 것이 곧 가는 것이고, 가는 것이 곧 머문다는 이치[不二]에 의하여 반열반에 드셨습니다. 열반에 드셨다는 것은 늘 지관止觀에 여여如如하게 머물러 계시다는 뜻입니다.

나는 이유야 어쨌든 보시를 잘 못합니다. 그러나 조금도 상관하지 않습니다. 마찬가지로 지계·인욕·정진·자비희사慈悲喜捨나, 명상·기도·주문·예배·절·만복·천당 등, 따위도 잘 못합니다. 팔만사천의 조그마한 창문에 낱낱이 걸터앉아 달 밝은 밤 시름을 노래하는 것은 한때의 낭만일 수는 있어도 팔만사천 밤과 낮이 지나는 것일 뿐 더 무엇이겠습니까?

불자들이시여, 지와 관은 잘 가는 자[行者]의 길이며, 지와 관은 이룬 자의 머무는 곳이며, 지와 관은 이미 간 자[붓다]의 흔적을 따라가는 길입니다.

그대가 비록 여기저기서 이런저런 일에 상관한다 할지라도 지관을 알고 지관을 행하면 불교를 알고 불교를 지닌다고 하겠지마는, 오직 보시와 지계·인욕·정진·자비희사, 명상·기도·주문·예배·절·만복·천당 따위 등등을, 고루고루 양념을 맞추어 호화롭게 입맛대로 산다 하더라도 지관을 떠나면 붓다가 오기 전의 그 사람들, 신神들의 사람들인 종일 뿐입니다. 비록 입으로 귀의불歸依佛 한다 하지만, 붓다와 무슨 상관 있으리오!

호흡을 타고

그대는 언제 '홀로'임을 느끼는가? 아직도 곁에 드러누운 그이를, 건넛방에 잠자는 아이들을 보며 '내가 오늘도 무사하구나. 꼭 있어야 할 데 있구나. 자기 전에 보았던 얼굴이 깨고 난 후에도 여전히 있구나' 하고 아침처럼 한결같은 존재의식 때문에 '홀로'임을 느낄 틈이 없는가?

하지만, 한번 작업에 들어가 보라. 가만히 들어앉아 '나 아닌 것'들을 나에게서 한번 냉철하게 제除하여 보라. 우선 '나의 것'들을 제하는 작업에 들어가 보라. 나의 아내·나의 아이들·나의 부모형제·나의 친구·나의 집·나의 고향·나의 추억·나의 이름까지 등등···. 할 수 있는 한 다 드러내어 '나의 것'이라는 표제 아래 편집되어 인쇄된 제목들을 다 훑어보면, 그것 없이도 여전히 존재하는 것을 발견하게 된다.

"그것은 호흡이다."

나의 아내가 없이도 내가 호흡을 한다면 나의 아내는 '나의 것'이 아니다.

나의 아이들이 없이도 내가 호흡한다면 나의 아이들은 '나의 것'이 아니다.

나의 고향을 떠나 왔어도 내가 호흡한다면 나의 고향은 '나의 것'이 아니다.

나의 추억을 상실한 채 내가 호흡하고 있다면 나의 추억은 이미 '나의 것'이 아니다.

나의 이름을 내 가슴에서 떼어놓고서도 내가 호흡하고 있다면 나의 이름은 더 이상 '나의 것'이 아니다.

"그 증거가 바로 나는 아직도 호흡을 하고 있다."
"'나의 것'이 없다면, '나'는 과연 있기나 한 것일까?"

이번에는 몸 밖에 있는 것들이 아니라 몸 안에 있는 것들을 하나하나 개미가 메뚜기의 몸을 뜯어내듯 뜯어내 본다.

눈·귀·코·입·몸. 몸 중에서 다시 살가죽·핏줄·근육·뇌·기관지·폐·심장·간장·위·대장·소장·콩팥·췌장·뼈·골수 등등…. 이것들은 다 '내' 안에 있는 것들이므로 진정한 나의 반려자인 '나의 아내'들인 것이다(아내=안에 있는 것). 그러고 보니 나는 아내들도 참 많이 가진 셈이다.

이 안에 있는 것들이 '나'라면 더욱 심각해진다. 하나하나 허물어지고 나면, 또는 한꺼번에 허물어지고 나면 '나'는 어디 있을 것이며, 나의 도덕성이, 평생 공들여 들어놓은 보험은 누가 타 먹을 것인가? 겨우 그나마 '이것은 나다'라고 간신히 붙들게 되는 것은 오로지 호흡 하나뿐이다. 그러니 어찌 호흡을 꽉 붙잡지 않을 수가 있겠는가! 그러나 이 호흡조차 어김없이 '나'가 아니다. 하지만 몸이 있을 때까진 이 호흡만이 유일하게 '나'를 설정하게 해주는 물건이다. 이 물건이 과연 무엇인가? 들고나는 호흡 위에 걸터앉아 보면 마치 말을 탄 것처럼 느껴진다. 달리기도 하고 멈추기도 하고 여유를 부려가며 터벅터벅 걷기도 하고….

말을 타면 말에게 몸을 맡길 뿐이지 않은가? 채찍질도 하고 발로 걸어차 보기도 하지만 여전히 말 위에 있는 것이다. 이것을 수식관隨息觀이라 한다. 그러나 수식관數息觀하고는 엄연히 다르다.

이 호흡을 따르는 관법觀法은 강물 위에 배를 띄워 놓은 것과 같다. 강물 따라 배는 흘러간다. 노를 젓고 키를 잡지만 그래도 강물 위에 있는 것은 마찬가지이다. 강물이 거칠면 배도 거칠어지고 때론 뒤집어진다. 그러니 부디 조심할 일이다.

그러다 보면 어느 새 그것을 느낀다. 흔히들 '버려라, 다 놓아버려라〔放下著〕'고들 하는데, 실은 틀린 말이다. 놓아 버릴 것을 가진 적이 없다. 가진 적이 없는데 놓으라는 말을 들으면 도무지 이상하지 않은가? 그제야 비로소 자기가 너무 많은 소유감이 아니라, 애시당초 소유할 수 없는 것을 소유한다고 빡빡 우겨가며 소유의식에 취해 왔다는 것을 깨닫게 된다. 도무지 가진 적이 없으면서, 본래 가진 적도 없으면서 잃어버렸다고 가슴 아파한다는 사실을….

숲속의 냄새가 내 방 가득하다. 문득 그 숲속이 생각나서 들여다보니

다시 도로 이 방 안이었다. 거대한 소유욕으로 가득 찬 도심 한가운데의 빈 숲속은 바로 지금 여기였다. 갑자기 그대가 마치 남의 아이를 낳은 여인처럼 가여워 보였다. 어찌 할 수 없어서 고래고래 소리를 질러 봤다. 비록 덕성을 잃더라도 삼보三寶의 이름을 잃지는 말라고….

　호흡만 잘 지니고 있으면 분명 그대는 언젠가, 그 한 가지 일로 저 위의 말들에 고개를 끄덕일 날이 올 것이라고…. 그 증거로 지금 호흡을 하고 있지 않느냐고….

片想 76__
끝 언저리에서

번뇌가 있으면 마침내 열반이 있는 법,

이것을 이제 보여야 하겠다. 이것은 붓다의 시현示現이다.

시작이 있으면 마침내 다함이 있는 법,

이것을 이제 보여야 하겠다. 이것은 유마의 시현이다.

천연동굴

볼 수 있는 것,

들을 수 있는 것,

맡을 수 있는 것,

맛 볼 수 있는 것,

감촉할 수 있는 것,

생각할 수 있는 것을,

천연적으로 알고 있는 사람들―.

그 하나하나의 구멍이 뚫리기까지 얼마만한 인연이 합쳐져야 했는가를 짐작조차 못하는 사람들. 그래서일까? 그토록 그것들을 알아보지 못하고 감사하지 못하고 소중히 여기지 못하고 조심히 다루지 못하는 것은…. 만일 바늘에 꽂히는 피부의 아픔이 천연적인 것이 아님을 주의 깊게 관찰하기만 하여도 그대는 그대의 동굴을 잘 답사하는 것일 텐데….

그리하여 알리라, 몸은 비록 그것이 황홀할 정도로 신비하고 오묘하다 하여도 여기저기 부숭부숭 구멍을 뚫고 낼름낼름 손 내미는 것은 따로 이 마음이라는 것을….

가여운 짓들 그만 하길

가여운 짓들 그만 하길. 망상이 망상을 알아보는 것을 관觀이라 하는 가? 중생이 중생을 알아보는 것을 불성佛性을 본다고 하는가? 아, 어려운 문제이다.

나는 누구인가? 나는 누가 되고 있는가?

떠나는 것을 출出이라 하고, 소굴을 가家라 한다. 출가는 소굴을 떠난 다는 말이다. 어떤 소굴인가? 탐욕의 소굴, 성냄의 소굴, 우치의 소굴이 다. 그러나 이 소굴들은 다 큰 동굴 안에 들어 있는 작은 것들이다. 그럼 큰 동굴은 무엇인가? 큰 동굴은 바로 아我의 동굴이다. 그러므로 진정한 출가는 아我로부터의 떠남이다.

수행을 하여 뭔가 얻어보겠다고 3천배, 108배, 십만 번 독송, 이 뭣꼬 한다면, 이 사람들 다 작은 소굴을 나와서 도로 큰 동굴로 들어가는 짓이 니 이른바 잇찬티카들이다. 수행을 하는 이도 없고 수행으로 얻어지는 이 도 없다는 것을 알면, 모두 광마狂魔에 빠질 사람들이다. 승복을 입었거나 속복을 입었거나….

이런 것들을 주고받으면서 부처님을 주고받는다고 알고 있으니, 몹시

도 가없다. 더욱 슬픈 일은, 아我로부터 떠남이라고 하였더니, 떠날 아我
가 따로 있다고 생각하는 것이다. 관觀하는 이도 없고 관하여 얻어지는
이도 없으며, 성불하는 이도 없고, 성불하여 부처된 이도 없고, 설說하는
이도 없고, 설說해진 바도 없다. 몸과 마음은 도깨비가 거울에 나타난 것
과 같을 뿐이다.

붓다의 출현은

붓다의 출현은, 붓다가 세상에 오신 뜻.

32상80종호의 아득한 일을 마음 하나로 들려준 자비.

누가 32상80종호의 특상을 다 갖추어 해탈을 하겠는가!

그것 다 면피하게 하여 오직 마음 하나만으로도 충분히 가능하게 한 붓
다의 공덕.

온 중생들의 희망.

삿된 믿음

　나는 몸이 기댈 만한 우주인 줄 알았다. 나는 마음이 머무를 만한 자궁인 줄 알았다. 그래서 첨부터 그리고 나중까지, 나는 몸과 마음에만 소리의 귀를 열어 놓으면 숙성한 처녀가 아이를 밴 것처럼 열 달 후면 무슨 소식을 들을 수 있을 줄 알았다.

　하지만, 돌로 만든 처녀와 정사를 한들 무슨 소식이 따로 있겠는가? 또한 그녀에게서 설령 소식을 전해 받은들 무슨 환희가 있겠는가? 참 처량했다. 혼자 덩그라니 앉아 그동안 믿고 있던 거대한 신神이 떠나버린 것 같은, 공허함에 기울어 사유의 끄트머리에서 동백기름 짜듯 끄집어낸 것은 처량함과 흔들림.

　나는 잠시 복받쳐 올라오려는 숨을 고르게 하고 몸을 좌우로 흔들며 시간을 벌었다.

　믿음을 버려야겠다. 이 삿된 믿음을…. 몸과 마음을 숭배하는 이 믿음을 버려야겠다. 몸은 곧 스러질 것이고 마음은 사라질 것이다.

　몸으로는 그리하여 일주일이나 보름 또는 40일간을 금식할 줄 알아야 하고, 마음으로는 그러므로 일주일이나 보름 또는 40일간을 참을 줄 알아야 한다.

　그것은 바로 이 고약한 몸과 마음이라는 우상을 섬기는 믿음을 버릴 수 있다는, 버렸다는 뜻이기도 하다. 내 몸과 마음이 이런데, 하물며 나 아닌 다른 이의 몸과 마음이겠는가! 믿지 않기로 한다.

片想 81__

이것은 마음이다

너는 혼자서 잘 가고 있느냐?

너는 마음 양 떼들을 잘 몰아가고 있느냐?

늘 깨어 있느냐?

삼보께 귀의하고 있느냐?

다른 것은 보지 마라.

부질없는 것으로는 윤회만큼 큰 것도 없다.

나고 죽고,

죽고 나고,

그 속에서의 문화 · 학문 · 기예 · 절개 · 애증 · 빈부 · 남녀의 모양,

이런 것들은 그대가 들여 마시는 술잔만큼 허무한 것이다.

마시고 나면 취하는 것뿐.

일체의 중생을 자비롭게 본다 함은 일체의 중생심을 이해한다는 말,

나는 나의 중생심을 이해하고 그것이 나타난 그대로가

마음의 현주소임을 자각하고 깨닫는다.

'이것은 마음이다'라고….

마음이 작용하면 지혜이고 거두면 무명

지혜란 마음인데, 비추는 작용을 한다. 마치 햇빛이 허공에 비추는데 한 올의 먼지까지 남김없이 비추며, 시방을 덮는데 조금도 빈틈을 남기지 않음과 같다.

무명이란 마음인데, 거두는 작용을 한다. 마치 햇살이 거두어지면 허공에서 남김없이 거두어지는데, 한 올의 머리칼 같은 햇살이라도 남겨놓고 거두어지는 것이 아님과 같아, 온 삼천대천세계의 허공이 어두워짐 외에 할 일이 없는 것과 같다.

그러므로 알아야 한다. 지혜가 마음이듯 무명도 마음이며, 무명이 온전하듯 지혜 또한 온전하다. 법계(이치와 사물)를 보면 곧 마음을 보는 것이고, 마음을 보면 곧 법계를 보는 것이니, 이런 까닭에 옛 어른들이 항상 말씀하사, "삼계三界가 다 한마음"이며, "일체가 오직 마음이 만드는 것"이라고 주창한 것이다.

그런즉 중생은 밤과 낮을 번갈아 가며 자고 깨고 자고 깨고 하나니, 자다가 깨다가 하는 것이 꼭 반쯤 미친 사람이 어떤 때는 미혹했다가 어떤 때는 제 정신이듯 이렇게 오락가락 하는 것을 업으로 삼는 듯하다.

본래 하늘의 태양 자체에는 어둠이란 아주 없다.

밤과 낮이 없다. 늘 여여하게 밝고 밝을 뿐이다.

하지만 중생계에는 밤이 있고 낮이 있다.

밝음과 어둠이 번갈아 가며 끝이 없는 것은 스스로 돌고 돌기〔自轉〕 때문이다.

그러나 그렇다고 지혜 자체가 생겼다 없어졌다 하는 것은 아니다.

다만, 중생이 스스로 윤회의 삶을 돌고 돌 뿐이다.

그러므로 중생이라 한다.

그대여,

마음은 깨닫거나 미혹하거나 현명하거나 미치거나 간에 아무 장애가 없다.

참으로 천진무구하여 그대로 비추어내고 그대로 거두어들인다.

이것을 일러 세간이 불국토이며, 번뇌가 보리이며, 중생이 곧 부처라고 하는 것이다.

잘 깨달아라.

묘법妙法

참 절묘한 삶이다.

생·노·병·사.

…말이다.

생은 사와 어우러져 절묘하며,

노는 병과 어우러져 절묘하다.

사가 아니면 무엇으로 생을 절絶하며,

생이 아니면 무엇으로 사를 절絶하랴!

생이 사를 절絶하므로 이것이 묘妙한 것이며,

사가 생을 절絶하므로 이것이 또한 묘妙한 것이다.

묘법妙法인 것이다.

片想 84__

삼귀의三歸依의 참 뜻

삼보께 귀의한 자다워라. 마침내 떠나지만 마침내 돌아가는 이것을 불자佛子라고 한다.

부처가 되는 법을 내가 믿고, 따른다는 것을 삼보께 귀의한다고 한다. 부처와 법은 목표와 방법이지만, 승僧은 귀의하는 나 자신과 그대를 말한다. 마침내 떠난다고 하는 것은 마침내 머물지 아니 한다는 뜻이요, 마침내 돌아간다고 하는 것은 마침내 귀의한다는 뜻이요, 마침내 귀의한다는 것은 중생들이 있는 곳을 말한다.

그러므로 알라. 귀의하는 불자는 마침내는 돌아와 그대와 함께 한다는 것을…. 거기를 떠나 와 여기에 있듯이, 여기를 떠나 저기에 간다지만, 저기에 머물지 아니 함은 바로 거기에 가야 하기 때문이다. 귀의하는 까닭이다.

이렇게 한참을 돌고 돌아야 비로소 돌아갈 수 있는 것이라면, 왜 꼭 돌아야 할까? 번뇌의 힘으로라야 열반에 도달할 수 있으며, 열반에 이르러서야 참으로 귀의하였다 할 수 있기 때문이다.

평상심 즉 도道

아무리 봐도
평상심이 도道야!

마조스님의 말씀이 맞아.
….
근데 평상심 밖에 또 뭐 없을까?
….
만일, 남이 나의 평상심을 알아주지 않으면 어쩌지?
그래도 도일까?
후후,
그래서 넌 어김없이 잇찬티카야.
사사건건 도라는 것을 모르니, 사사건건 괴로운겨.
….
만일 잇찬티카가 아니면 알 것이여,
사사건건이 도통인 것을….

그대여,

움직이지 마라!

마음은 움직이지 말고 몸은 움직일 수 있어야 이 도리에 부합하리.

하늘을 보라.

저는 움직이지 않으면서 세계를 움직이는 그 거만함을 보라.

만일 하늘 밖을 나간다 하더라도 도로 거긴 하늘이리니….

나는 고개를 올려 가을하늘을 바라본다.

그것은 압력이 아니라, 솟구치는 감동이었다.

이대로 열반이리!

지혜와 어리석음

아주 가느다란 빛줄기도 어둠이 짙으면 돋보인다.

아주 작은 지혜도 열 가지 어리석음을 꿰뚫을 수 있다.

그러나 이것은 안의 일이다.

아주 큰 지혜자도 아주 보잘것없는 어리석은 아녀자 하나를 어쩌지 못한다.

이것은 밖의 일이다.

片想 87__

이미 영속하는 것

대보름이 막 지난 밤, 산책을 하다가 달빛 틈새로 삐죽하게 비추어대는 별빛들의 소식들을 보고 문득 그리고 퍼뜩, 무한함에 대한 펑퍼짐한 생각에 빠져들었다.

무시무종無始無終.

시작도 끝도 없다는 것.

이 시작도 끝도 없다는 것에 얽매여 얼마나 많은 천재들이 잡혀가 죽었으며,

얼마나 화려한 사상들이 매장당하였으며,

그리고 얼마나 애절한 사연들이 종말을 맞이하였던가!

깨닫지 못하여,

깨닫지 못하여….

그 가운데 삶(生)과 죽음(死)은 파도의 넘실거림과 전혀 다르지 않다.

그 가운데 이 생각과 저 생각은 삶과 죽음과 전혀 다르지 않다.

무엇인가?

마음을 말하는 것이다.

오직 마음을 말하는 것이다.

파도의 떠오름〔浮〕과 가라앉음〔沈〕은 늘 그러할 뿐이다.

떠오름이 선善이거나 가라앉음이 악惡이라 하는 것은 아무 의미가 없다.

아. 나는 이미 영속하여 있다.

무엇으로도 이 영속성을 베어낼 수 없다.

파도를 베어낼 수 없는 것처럼….

그 가운데 떴다 가라앉았다 하는 것은, 잘 됐다 안 됐다 하는 것은,

늘 그러함의 파동일 뿐이다.

문득 그 옛날 존자 마하가섭의 발걸음이 느껴졌다.

단 한 생각만으로 두 번 생각하지 않는 그의 일편단심이

바로 오늘날까지 계족산 어느 바위틈에 묻혀 있다면,

그것을 꺼내어 본 사람 몇이던가!

보름달 아닌 것이 보름달보다 더 크고 장엄하여 눈이 부셨다.

이렇게 살다가 이렇게 죽는다지만,

산 적도 죽은 적도 없는 것이다.

이 마음은….

片想 88__
우는 아이와 달래는 어미를 보면서

그러니까 그것이 뭐시냐 하면 말이여이ㅡ.

아가가 울잔여이ㅡ?

울면 달래잔여이ㅡ?

그것이랑께…,

뭐?

아직 모르것써ㅡ?

귀싸대기 함 후려치면 정신이 그때야 번쩍 들겨ㅡ?

(고요~~~~)

내가 그대에게 지금 당장 할 수 있는 말은,

"눈을 들어 하늘을 보라!

귀를 기울여 소리를 보라!

코를 세워 냄새를 보라!

혀를 굴려 맛을 보라!

몸을 세워 감촉을 보라!" 이것뿐이다.

보는 것만이 있고, 보는 눈이나 보여지는 색은 있다가 없다가 오락가락
하는 것들이니,

믿을 만하지 않다. 보는 것이 그럼 무엇인가? 이 문제는 전적으로 그대
에게 달려 있다.

그것을 더러 마음이라고 통칭하여 부르는데, 보는 것은 이름에 있지 아
니 하고, 보는 것에 있다. 한쪽에선 울고 한쪽에선 달래고 또 한쪽에선 그
것을 본다. 나는 그 어느 편에도 기울지 아니하고 한가하게 볼 수 있을까?

몸이 싸늘하게 식어간다. 거기에 따뜻함이 없어진다는 것은 거기에 뜻
이 없어진다는 것이고, 거기에 뜻이 없어진다는 것은 거기에 삶이 없어진
다는 뜻이다.

몸은 삶이 아니다. 오묘하기가 우주와 같지만, 결코 환영幻影에 지나지
않는다.

우는 아이가 진실로 우는 아이가 아니라 환영이라면,

달래는 이가 진실로 달래는 이가 아니라 환영이라면,

보는 이도 진실로 보는 이가 아니라 환영일 것이다.

별들은 점점 사이가 멀어져 가고 광활한 우주공간에 덩그러니

파초처럼 버려지고 나면 남은 시간은 오로지 식어갈 뿐이다.

그대의 몸도 싸늘하게 식어간다.

우주의 시커먼 공간으로 버려진다,

흔적들은 뱀의 허물처럼 곳곳에 남겠지만,

아무 의미가 더는 없다.

홀로 가야 하는 까닭이다.

봄은 그렇게 화려하지만, 한번도 겨울과 같이 들길을 가본 적이 없고,

여름은 그렇게 적나라하지만, 한번도 봄과 같이 자본 적이 없고,

가을은 그렇게 호젓하지만, 한번도 겨울을 벗해 본 적이 없고,

겨울은 그렇게 고독하지만, 한번도 봄을 초청하여 한 방에서 춤을 춘 적이 없다.

사계를 다 뒤져봐도 모두 홀로 감만 있었을 뿐이다.

나라고 예외일 수는 없다.

사회적 동물이라는 정의는 사막의 용어이다.

숲속의 용어는 아니다.

왜냐하면 숲은 그 자체로 하나의 몸이니까,

그래서 숲은 늘 혼자 간다.

片想 89__
둘이 아님[不二]

시끄러움을 버리고 고요함을 취한다면,
하나를 버리고 다른 하나를 취한 것이니 버린 것은 없다.
번민은 여전하다.

더러운 것을 버리고 깨끗한 것을 취한다면,
하나를 버리고 다른 하나를 취한 것이니 역시 버린 것은 없다.
번민은 여전하다.

세간을 버리고 출세간을 취한다면,
하나를 버리고 다른 하나를 취한 것이니 버린 것은 애당초 없다.
번민은 여전하다.

이 여자를 버리고 저 여자를 취한다면,
하나를 버리고 다른 하나를 취한 것이니 달라지는 것은 하나도 없다.
입장은 여전하다.

사람들은 이렇게 대체함으로써 뭔가 새로 얻어진다고 생각하는 모양이지만,

흠은 여전하다. 다만 착각에 지나지 않는 것이다.

불이문不二門에 들어오면 안다.

흥망성쇠가 하나 같이 다르지 아니 하며,

갑남을녀가 다 본성이 다르지 아니하다는 것을….

다르지 아니하므로 취사선택은 그저 피곤한 일이라는 것을….

길을 걷다가 눈을 감아 버렸다.

아마 난 얼마 못 가서 광고판을 들이받거나 전봇대를 들이받거나

아니면 차도로 냉큼 떨어질지도 모른다.

하지만 그것이 안전하게 걷는 것보다 훨씬 달라 보이지는 않아 보인다.

걷는 것과 넘어지는 것에는 둘 다에게 고스란히 흠이 있다.

바로 무상하다는 흠이다.

어떻게 이 흠을 피할 수 있을까?

단 한 가지, 귀의삼보歸依三寶 하는 것뿐이다.

어떤 것이 귀의삼보인가?

'이것은 마음이다' 라고 깨닫는 것을 '귀의삼보 한다' 고 한다.

어떤 것이 '이것은 마음이다' 라고 깨닫는 것일까?

과거의 마음은 지나갔으므로 얻을 수가 없고,

미래의 마음은 아직 오지 않았으므로 얻을 수가 없고,

현재의 마음은 이것이다 했을 때에는 이미 저것이 되어 있고,

저것이다 했을 때에는 이미 지나갔거나 아직 오지 않았다는 것을

깊이깊이 체득하는 것을 말한다.

거기에는 당분간, '그렇다면 이 무엇인가?' 하는 것만 남아 있다.

진실로 '둘이 아니다' 함은 바로 이 마음을 들어 하는 말임을 알 수가

있다.

좌변기에서 시원하게 똥을 싸기까지는,

할 수 없이 내 귀중한 몸 속에 담아 놓지 않을 수 없는 노릇이다.

나갔을 때 보물이 되지 않는 것은 안에 있을 때에도 보물은 아니다.

보물이 아니라 하더라도 나가기 전에는 고이고이 간직해야 한다.

이것은 마음이다 라고….

이미 도는 도처에 통해 있건만

온통 나무로 둘러싸인 숲,

그 숲속의 거미를 본다.

나무 사이에 턱하니 걸쳐서 엮어 놓은 거미집은

그렇게 하여 온 숲을 하나로 이어 놓았건만,

어느 날 거미 하나가 불현듯 의심이 생겼다.

이 거대한 숲 전체에 걸쳐 자기가 한 거미줄로 잇지 못한다고 한탄하고 있었다.

나그네가 그 숲을 지나다가 그런 거미를 만났다.

이미 숲의 이쪽 끝과 저쪽 끝 사이를 골고루 다녀온 나그네는

그런 거미를 보고 위로의 말을 건넸다.

"이보게, 그렇게 답답해하지 말게. 내가 보니 이미 이 숲은 자네의 그 조그마한 거미집 하나로 다 엮어져 있다네. 한 거미집이 한 나무에 걸쳐 있고, 다른 거미집이 그 나무와 또 다른 나무에 걸쳐져 있고, 이렇게 하여 이미 이 숲은 전체가 하나로 엮어져 있는 것이 그물과 같다네. 더 무엇이 필요한가? 숲과 자네는 분리하여 규정지을 수 없다네. 이른바 색즉시공色

即是空 공즉시색空即是色일세. 도道는 이미 도처에 통해 있건만, 자네는 아직도 스스로가 지은 이 자그만 거미집 하나만 보고 있구먼. 그러니 답답해하지 말게. 도가 이미 도처에 통해 있다는 것만 알면, 창틀 하나 없는 관속에 들어가 누워 있어도 오히려 발끝이 닿지 않을 정도로 넓다네. 발버둥치면 좁아지고 고요하면 넓어지는 이것, 참 묘하지 아니한가 말일세! 더는 말하지 말게. 자네는 그냥 가기만 하면 된다네."

그 후, 그 거미는 존재의 이유를 말하여 존재하지 않고, 존재의 말로를 의심하여 존재하지 않고, 다만 목숨이 다하면 죽고, 목숨이 생기면 태어나는 커다란 도에 부합하여 살고 있었다 한다. 도는 이미 생로병사生老病死 네거리 도처에 가득 통해 있다. 그대도 너무 서두르지 마라. 때아닌 때에 구하는 것은 불자佛子의 마땅한 법이 아니니….

片想91_

재미있는 일

재미있는 것은 하고 재미없는 것은 하지 않는다.

이것 참 재미있는 일이다.

맛있는 것은 먹고 맛없는 것은 먹지 않는다.

이것도 참 재미있는 일이다.

글자를 안다고 모든 책을 다 읽는 것은 아니다.

흥미 있거나 관련 있는 책만 읽는다.

이런 것을 아마도 업습業習이라고 하는 모양이다.

업습이란 그러고 보면 마음이 낸 길이고, 모든 이들의 업습을 다 합친 것, 이것을 세계라고 하고, 세계를 다 합친 것, 이것을 우주라고 한다. 알고 보면 다 이 마음이 낸 것이다.

거친 음식은 먹을 수 있으나, 흥미 없는 책은 결코 읽지 않는다.

목숨을 위해서는 뭐든 할 수 있으나, 뜻이 없는 것에는 결코 정을 주지 않는다.

이것 참 재미있는 일이다.

片想 92__

제행諸行이 무상無常하니

이와 같이 보라.

이 아름다움은 과연 진실한 것을 의심하지는 않으나, 항상하지 않은 것
이다. 시시각각 멸하는 것이다. 이 사랑스런 고백은 과연 진실하다는 것
을 의심하지는 않으나, 항상하지는 않은 것이다. 언젠가는 멸하여 없어지
는 것이다. 이 천진난만한 순결함은 과연 가까이 즐길 만한 것임을 의심
하지는 않으나, 반드시 오염되고 부패해지는 것이다.

그때에는 어찌할 것인가!

그녀는 아름답다.

그녀의 고백은 천연적이다.

순결하여 드높은 가치는 차라리 숭고하기까지 하다.

그러나,

이것들은 그녀 스스로조차도 이별하는 것이기도 하거니와, 설사 그렇
지 않다 하더라도 나와는 반드시 이별하여야 하는 것이다. 그때에 나는

어떻게 할 것인가!

'당신 없으면 죽는다!'라는 고백을 들을 때마다 나는 힘주어 안으로 안으로 파고들었다.

(이 고백은 진실한 것이다. 그녀는 내가 없으면 정말 죽을 것이다. 하지만…, 의지할 만한 고백은 아니다. 즐겨할 만한 고백은 아니다. 마침내 만족하여 안주할 만한 고백이 아니다. 지금의 일일 뿐이다. 처음에 없었듯이 나중에는 없어질 고백이다. 그러므로 나는 마땅히 자중하여 지금 그녀를 죽게 하지도 말고, 나중에 그녀의 지금 고백으로 인하여 이전 그 고백은 다 어디로 갔느냐고 찾아 헤매며 괴로워하지도 말자. 모든 것은 변한다….)

그리고 안으로 안으로 다짐하며 들곤 하였다. 그리고 그러한 것들이 마침내 계절이 변하는 것처럼 다가왔을 때에 고목의 뿌리처럼 내 마음을 지켜주었다. 나는 예언자나 선지자나 선지식은 아니었지만, 단순히 '모든 것은 지금의 일일 뿐, 마침내는 변하여 사라진다'는 이 대명제를 가슴 깊이 새겨둔 정절 하나로, 새로운 계절을 낙엽처럼 고스란히 받아들일 수 있었다. 아무 저항 없이…. 이것은 나만 그윽해지는 것이 아니다. 낙엽 또한 아무 부담 없이 대지에 안착할 수 있는 것이기도 하다. 이른바, 누이 좋고 매부 좋고—.

그대여, 매정하게 들릴지 모르지만, 애증이란 그것이 남녀 사이든, 부모자식 사이든, 형제자매 사이든, 이웃 우정 사이든, 원근 각처에 아무리 도드라지게 삶의 운명과 열정과 근원을 변호한다 하더라도, 그 변호는 틀린 것이다. 한마음이란 그런 것에 쉽게 존재하지 않는다.

사랑이 성장하는 것을 보는 기쁨과, 사랑이 소멸하는 것을 보는 괴로움은, 왼 걸음과 오른 걸음처럼 동일한 것이다. 만일 그렇지 않다고 한다면 뉘라서 생로병사를 한마음으로 보지 않으랴! 가만히 있어도 저절로 생로병사인 것을, 그것은 깨달음이 아니다. 그것은 소비한 일생에 불과하다.

제행무상諸行無常, 이 이치는 그렇게 깊은 산 속에 숨은 꽃처럼 피어나는 것만은 아니다. 여기 지금 그 사람의 형상과 고백에도 틀림없이 배어 있다.

…라고요

조문을 가려 한다.

아직 이른 나이에 가신 분을 위하여,

가서 아름다운 꽃을 바치려 한다.

무슨 꽃이 가장 아름다울까.

갑자기 꽃을 찾으려니 잘 찾아지지 않는다.

그녀는 내가 부르는 찬송가를 참 좋아하셨다.

은혜스럽다며.

찬송가를 불러드릴까! 들을 수 있을까! 아름다운 꽃이 될까!

몇 달 전 병문안을 가서 휠체어를 내가 끌고 대학병원 여기저기 검사받고 치료받고 할 때까지만 해도, 죽음은 감히 생각되지 않았는데, 막상…. 그렇다. 이제 아름다운 꽃을 바친다. 그것은 바로 그리움이다. 그리움도 이렇게 아름다운 꽃이 될 수가 있다는 것을 보여드리고 싶다. 왜 꼭 헤어지고 나서야 그리워하느냐고 원망하면 어쩌지? 그러면 대답해야지.

"그리움이 아니면 헤어질 수조차 없는 것이니까요. 그마저 없다면 이 세상에 헤어져서 살아 남을 사람이 몇이나 되겠습니까?"…라고요.

마음 그대로가 부처

미워하는 맘 미워하지 마라.

성내는 맘 짜증내지 마라.

미워하는 맘 미워하면 무슨 마음으로 깨달으리.

성내는 맘 짜증내면 무슨 근기로 도 닦으리.

그 맘 그대로 부처(깨달은 이)인 것을 모르면 마음마다 대항하는 어리

석음일 터이니,

다만 이 마음 신통한 작용인 것을 어느 세월에 알 터인고.

묘하다 이 마음이여,

미워하는 그 마음, 한 송이 꽃이려니, 누가 과연 보고 살며시 웃어줄 것

인가!

그이가 바로 내 마음 전하여 받아 지니리.

불자여,

미워하는 맘은 그렇게 일어났다가 이렇게 사라진다.

하늘의 구름처럼 땅위의 아지랑이처럼,

누가 그것을 쫓아가 구름을 상대하여 씨름하며, 또는 아지랑이를 잡아채려 하겠는가!

씨름하려는 그 사람이 마냥 수고할 뿐, 이루어지지 않으리一.

대저 이 마음은 만듦 없이도 생기며,

없앰 없이도 없어지나니, 또 어느 누가 수고로이 맘 고생하면서 만들고 없애리요!

다만, 깨달을 뿐…, 없애려고만 하지 않으면,

혜가가 달마에게 매달리려다 깨우친 인연을 알리라.

片想 95__

업은 밥풀떼기와 같다?

업은 밥풀떼기 이전의 한 생각에서 붙는다. 밥풀떼기는 이미 업이 생긴 지 억만년 후의 일이다. 또한 업은 '의미'가 다지기 이전의 한 생각에서 나온다. 그것은 처음에는 바다에 떨어뜨리는 한 방울의 소금물과 같이 시작되지만, 종내는 거대한 대양이 되어 그 대양 속의 물리가 되어 작동한다. 그때부터는 물리법칙을 따르는 중생이 되는 것이다. 한 번 물리를 따르는 중생이 되고 나서는 좀처럼 벗어나지 못하는 것이 바로 이 중생이다.

숲속에 개미떼가 일렬로 지나가고 있었다. 같은 숲속에 황금색 가사를 입은 수행자들이 일렬로 지나가고 있었다. 문득 앞서 가던 부처님이 곁에 있던 아난다에게 말씀했다.

"아난다야, 너는 이 개미들을 보느냐?"

"예, 부처님 잘 보입니다."

"아난다야, 너는 이 개미들이 언제부터 꾸준히 개미의 몸을 받아왔는지 알겠느냐?"

"알 수 없습니다. 부처님!"

"아난다야, 이 개미들이 개미가 된 것은 대략 (7만 년 전도 아니고) 7만 겁이 된다. 그런데도 아직도 언제 이 개미 몸을 벗을지 알 수가 없구나. 사람이 만일 한 번 이와 같이 아둔한 무리에 떨어지면, 다시 사람 몸 받는 것은 기약할 수가 없다."

업은 이렇게 아주 조그만 한 생각까지도 다 모아두었다가 인연이 되면 반드시 나타나게 하는 힘을 가졌으니, 마치 하늘의 태양이 볼품 없는 가스로 희미하게 엉겨붙다가 마침내는 억겁을 타들어가도 꺼지지 않는 태양이 되어 온 법계에 참회하며 그 참회의 공능功能을 온 법계에 회향하는 것처럼….

무서운 것에 업을 능가하는 것 없어,

한 생각 일어나면 그 한 생각 없던 걸로 못해.

언젠가는 반드시 세계가 되어 그 세계에 내가 들어가 살아야 하리.

업을 문장으로 그리는 낭만으로 알았다간 큰코 다치리.

片想 96__

붓다를 신神으로 봐서는 안 된다

붓다를 신으로 보거나 신격화해서는 안 된다. 그렇게 되면 예수를 신으로 보거나 신격화한 것과 같은 오류를 범하게 된다.

아무리 삶이 지치고 힘들고 어렵더라도, 불자라면 결코 붓다를 신으로 섬기지 말아야 한다. 붓다를 구하여 삶을 어떻게 해 보겠다는 이 어리석은 마음을 제도하는 것, 그것이 바로 붓다이지, 붓다에게서 간구하여 무엇을 얻는다는 것은 아무런 해결이 안 된다. 그야말로 남의 보물 헤아리기이다. 그럴 신이 없다면, 그럴 붓다도 없다.

붓다는 그저 한 인간이었을 뿐이다. 생로병사를 운명처럼 안고 살았던 인간이었을 뿐이다. 우리와 똑같은 인간 말이다. 만일 붓다가 신이 화현하여 온 존재이거나, 혹은 후에 신이 되었다면 그것은 우리 인간에게는 절망 그 자체이다. 무엇을 더 붓다에게서 기대할 수 있을 것인가? 그가 바로 인간이었기 때문에 붓다는 내가 의지하고 믿고 따를 만한 것이다. 나는 인간이니까, 신이 아니니까, 신의 아들이 아니니까.

거꾸로 생각해 보라. 만일 내가 깨달음을 얻었다고 하여 누가 나를 신으로 섬긴다면, 내가 그것을 어떻게 볼 것인가? 만류할 수밖에 없을 것이다. 불자는 혀를 깨물고 자제해야 한다. 붓다를 신으로 섬기거나 신격화하거나 하는 데서 오는 해결사의 유혹에서 벗어나야 한다.

나는 붓다를 따름으로써 지금의 나를 깨닫고자 하는 것이지 지금의 나의 삶을 풍요 속에 두고자 함이 아니다.

나는 붓다를 따름으로써 지금의 나를 깨닫고자 하는 것이지 지금의 나의 어려움과 고난을 면피해 보고자 함이 아니다.

나는 붓다를 따름으로써 지금의 나를 깨닫고자 하는 것이지 지금의 나를 천국으로 보내기 위한 것이 아니다.

나는 붓다를 따름으로써 지금의 나를 깨닫고자 함이지 지금의 나에게 훌륭한 옷을 입히고 가업을 보호하기 위한 것이 아니다.

붓다가 복전福田이므로 붓다를 믿으면 복을 얻는다고 하는 것은 붓다의 가르침을 따르면 저절로 삿된 것은 멀리하고 바른 것은 가까이 하는 그 자체에서 오는 공능功能이지 붓다가 그대에게 복을 주었다 빼앗았다 하는 것이 아니다.

"저 사람은 부처를 잘 믿어서 복을 받았어. 그러니 부처를 믿는 사람은 다른 사람보다 잘 살아야 하고, 잘 살아진다"고 말한다면, 그 사람은 뭘 몰라도 한참 모르는 사람이다. 이제까지 '방하착'이니, '이 뭣꼬'니, '금강경'이니, '법화경'이니, '염불'이니, '좌선'이니, 아무리 그럴 듯하게 설법하였다 하여도 결국에 가서는 이런 견해나 내놓는다면, 업조차 모르는데 어찌 붓다의 법을 알고 있다 하겠는가!

동류를 만들어서 무리를 이루어 거기에서 어떤 이익을 도모하는 속알머리를 가지고 동류를 모으는 것을 경계하라. 스스로 붓다를 가까이 하면, 그것이 결코 천 배 만 배 공양함에 있지 아니 하다는 것을 저절로 알게 된다. 치마를 둘러 입은 아낙도 하지 않는 일들을 승가리를 걸친 이들이 걸핏하면 하고 있다.

"이리 오시오. 이리 오면 우리 부처님 영험하니 그대의 소원 다 이루어주실 것이오. 저기 저 금동으로 만든 우리 부처님이 참으로 영험하여 그대가 한 번 절을 하면 만복을 주고, 만 번 절을 하면 무량겁에 걸쳐 그대의 죄업을 녹여주고 복을 듬뿍 줄 것이오!"

이것이 참으로 가하다면, 부처님이 빌고 또 빌라고 하실 것이지 굳이 그 시간에 단정히 앉아서 몸과 마음을 사유하라고 하시지는 않았을 것이다. 훗날의 어리석은 무리들이 만들어 놓은 이와 같은 붓다를 진정한 붓다로 알아선 안 된다. 신神이란 인간에게 나타나는 가장 큰 우상이다.

그러나 붓다는 우상이 아니다.

인생은 나그네 길

열심히 산다고들 하지만 열심히 살면 살수록 열심히 죽어가는 것에서 뭐가 다른가? 생명의 존엄을 주장하며 온갖 복지를 열심히 건설하지만 그럴수록 열심히 병들어가는 것에서 뭐가 다른가? 이러고 보면, 삶이란 살다가 가는 것을 말한다. 이것은 중생들의 도道이다.

그대는 나에게 대어든다. 그렇다면 인생은 허무해질 뿐이라고—.

나는 말한다.

아프리카 초원 위의 뭇 짐승들도 열심히 사는 것으로는 인간들 못지 않는데 그러면 그들도 잘 살고 있는 것인가? 하루 종일 윙윙대며 일분에 몇만 번씩 날개 짓을 해대며 이리저리 꿀을 모으는 꿀벌들의 부지런함에는 주말도 공휴일도 없다. 그러면 이들이 더 열심히 사는 보람을 가지는 것인가? 도道라고 하는 것은 깨달음으로 가는 길을 말한다. 인생들이 너도 나도 생로병사의 덫에 걸려 행주좌와의 위의를 벌이는 것은 깨달음으로 가는 길이 아니므로 도도 아무것도 아닌 그저 한 목숨이 무의식적으로 소비하는 것뿐이다.

거기에 고상함과 유치함과 거들먹거림과 겸허함 등의 모양을 갖추고 있다 하더라도 한 크레파스 안에 나란히 누워있는 색이 다른 크레용일 뿐이다. 조금도 다르지 않다. 누가 있어 이것을 이렇게 알고 관觀하여 '삶이란 그릇에 담긴 비린내나는 썩은 생선이라 보고 냄새도 안 맡거늘 하물며 고개를 숙여 입에 담으랴!'고 사자후를 할 수 있을 것인가 말이다.

열심히 살라. 그것은 모든 목숨 가진 이들의 숙명이지 도는 아니다. 그대가 소유한 모든 것은 기억들까지도 남김없이 소멸될 것이다. 숙명의 비극은 이런 것이다. 이러한 비극은 그대가 종교의 울타리를 만들어 그 속에 안주한다 하더라도 여전하다. 비린 생선을 울타리 안으로 가져 들어간 것뿐이다.

나는 아주 혼란스러웠던 한때를 기억한다. 이 사바세계에 몸을 담고 있는 나의 역사성과 정체성에 커다란 의문을 제기할 때, 저녁하늘에 노을이 물들듯 빈틈없이 밀려오던 그 혼란을 기억한다. 어쩌지 못하여 이곳저곳 온 하늘을 향하여 두 손 높이 쳐들며 신성한 마취를 요구하면서까지 피하고 싶었던 혼란을 기억한다. 이 혼란을 수습하기 위하여 상념을 발사했을 땐 너무 광범위하여 마치 우주에 띄워진 하나의 로켓과 같아 아무 쓸모가 없었다. 그렇다고 비극을 껴안은 것이 확실한 것에 꼬리를 내리고 싶지도 않았다.

片想 98__

심연心淵

도를 듣기만 하여도 몸을 버렸어야 하거늘,

도를 보기만 하여도 몸을 버렸어야 하거늘,

도를 알기만 하여도 몸을 버렸어야 하거늘,

하물며 도를 깨달음이랴!

비록 거창하게는 아니었지만, 한세상 이만하면 우치愚痴의 목숨은 구했다. 탐욕과 성냄의 독화살은 아직 깊이 박혀 있지만, 법을 모르는 어리석음에 비하면 견딜 만한 것이다.

밝은 구경거리로서는 훌륭하지만, 구할 것은 하나도 없다. 안은 볼거리로서는 무미건조하지만 구하고자 하는 것은 남김없이 다 있다.

좀 더 안으로, 안으로 깊숙이 들어가자. 아직 내가 아는 사람들이 한번도 들어가 보지 못한 곳이라 그들과 절연될 것을 두려워하여 깊이 들어가기 망설여지던 그곳. 내 만일 이 깊은 심연에 들어앉으면 진실로 아무도 찾아와 줄 수 없는 그곳, 오지게 홀로 있게 되는 그곳.

모든 계절은 사람들에게 잘 알려져 있다.

그들이 더 모르는 계절이 어디 있으랴….

그들은 그 계절을 피하여 살 수 없다.

하지만 여기 이곳은 계절이란 없다.

생로병사의 사계四季가 애당초 없다.

즐길 만한 희로애락이 없다.

잘 견딜 수 있을까?

심심하지 않을까?

부디 잘 견뎌야 할 텐데….

성냄은

살생은 과연 큰 잘못이다. 하지만 모르고 살생할 수도 있다.

주지 않은 것을 가지는 것은 과연 큰 잘못이다. 하지만 피치 못할 사정으로 할 수도 있다.

사음은 과연 큰 잘못이다. 하지만 한순간의 실수로 그리 할 수도 있다.

그러나, 그러나 말이다.

성냄은 모르고 할 수도 없으며, 피치 못할 사정으로 할 수도 없으며,

한순간의 실수로 할 수도 없으니 오직 불길이 타오름만 있을 뿐이다. 그것은 모든 것을 다 태워버린다.

그동안의 어진 성품도,

그동안의 인내의 미덕도,

그동안의 사랑스러움도,

어쩌면 곳간 깊숙이 감추어 놓았던 보배 같은 선정심禪定心도 다 태워버린다. 한순간에⋯.

활활 타오르고 나서 끄리라, 충분히 끌 수 있으리라 생각한다면 큰 착

각이다. 불씨가 일어난다고 알아차릴 수 있을 때, 바로 그때 꺼버려야 한
다. 늘 나는 챙기는 힘〔觀力〕을 믿고 한발 늦게 성냄을 상대하다가 한발 늦
은 그 차이로 불에 태워지곤 한다. 화상이 지나쳐 허덕이는 자신을 바라
보다가 피식 웃음이 나왔다.

성냄을 모른 것도 아니고, 성냄의 화禍를 모르는 것도 아니고, 성냄의
당처를 모르는 것도 아니건만, 단지 한발 늦게, 바둑 같으면 한 수 접어주
다가 그만 아차 늦어 버리기 일쑤이다. 앞으론 절대 자만하지 말고, 불씨
가 일 때 바로 그때 잡아 버려야겠다. 쓸데없이 자만을 부리지 말고….

片想 100__
고깃덩어리가 앉아서

온 것이 하나도 없었다. 부지런히 걸어왔다지만….
갈 길이 아득하다. 숨이 턱턱 막히면 그 숨 찾아 헤매는 마음에는
평소의 장담은 아무 소용없어, 다만 송아지처럼 끌려갈 뿐이다.
이를 어쩌면 좋으냐!
이를 어쩌면 좋으냐!

말과 생각이 끊긴다지만, 도리어 말과 생각이 암캐처럼 짖어대는데….
아! 암담하다.
몹시도 부끄러운 하루였다.
아는 이들에게 얼굴을 들 수가 없다.

片想 101__

도깨비 허깨비 놀음

항상 모든 것의 처음을 궁구하는 사람들….

그 처음은 그래서 '창조'라고 단정하고 믿고 의지하는 사람들….

그것이 과연 자기에게 얼마나 행복을 가져다 줄까?

몸과 호흡과 사유와 통찰은 정작 지금 여기에 있으면서….

불과 십 년 전 일도 깜박깜박하면서 아득한 때의 일을….

지나간 것은 다시 오지 않는다.

비록 지금 내가 지나간 것으로 인한 결과물이긴 하지만,

지나간 것 그 자체는 내게 의미가 없다.

또한 항상 모든 것의 결말을 생각하는 사람들….

그 결말은 그래서 '부활'이나 '천당'으로 단정하고 믿고 의지하는 사람
들….

그것이 과연 자기에게 얼마나 행복을 가져다 줄까?

몸과 호흡과 사유와 통찰은 정작 지금 여기에 있으면서….

불과 한 시간 후의 일도 캄캄하면서 아득한 때의 일을….

아직 오지 않은 것은 아무리 기다려도 오지 않는다.

비록 지금 내가 하는 결과로써의 미래이긴 하지만,

미래 그 자체는 내게 아무런 의미가 없다.

또한 이번에는 '지금 여기'만을 생각하고 믿고 의지하는 사람들….

그 '지금 여기'라는 것이 얼마나 요란한 도깨비인 것을 알지 못한다.

그 도깨비 위에 입혀진 옷이 아무리 찬란하고 값나가고

권력의 위용으로 치장되어 있다 하더라도, 도깨비가 입은 옷은 다 허깨

비가 아니던가?

한순간도 그대로 머물지 못하는, 실체가 없는 것들….

이것을 깨닫는 자 보살이라 하고,

이것을 믿고 의지하는 자 중생이라 한다.

다른 차이가 없다.

나는 이미 이렇게 알려주었으니 그 나머지,

머물든 머물지 아니하든 그대가 알아서 하라.

가을햇살에 한 가닥 먼지처럼 보이는 마음이

가을햇살이 너무 좋다. 마치 햇밥 같다.

그것은 반짝반짝 윤기 나고 모락모락 따스하고 쌀알 속이 들여다보일 만큼 투명하다.

퇴화되어 버린 생존본능.

며칠 전 8층 건물을 급하게 오르내리느라 천식이 발작하였다. 숨이 차서 헉헉댈 때에는 삶이 마치 본격적인 공격으로 탈환해야 하는 고지로 여겨지더니, 혼자 이렇게 똬리를 틀고 앉으면 생존이란 것이 고지는커녕 껄끄러운 겉옷처럼 거추장스럽게 느껴진다.

어느 것이 진짜일까?

가난할 땐 돈이 아쉬운 물건이다.

병들어 낑낑댈 때에는 건강함이 아쉬운 물건이다.

연못 위에 물을 튕길 때는 조약돌이 아쉬운 물건이다.

숨이 턱턱 찰 때에는 호흡이 아쉬운 물건이다.

그렇다면, 각각은 진짜가 아니다.

시류에 부합하는 한 조각 구름 같은 것이다.

호흡까지도 그렇다면, 과연 나는 무엇을 진정한 것으로 의지하고 구하고 믿어야 할까?

나는 마음을 믿고 있지만, 과연 그 마음은 사라지지 않고 변질되지 않고 퇴화되지 않고 물러서지 않고 헤어지지 않고 꾸준하고 의지할 만한 것일까?

누가 나에게 이런 마음을 들고 찾아오며, 누구에게 나는 이런 마음을 보여줄 수 있을까?

그가 바로 나의 붓다이다.

보살이며 선지식이며 반려자이다.

먼저 마음의 일이고 나중에 몸의 일이 된다

번뇌는 번뇌이고 열반은 열반이다.
중생은 중생이고 붓다는 붓다이다.
이는 현상으로 본 것이다.

그러나, 마음에서 보면 이 둘이 다른 게 아니다.
파랑이 이는 것과 잔잔한 것은 현상의 법으로 볼 때에는 큰배를 뒤집기도 하고 띄우기도 하는 천지개벽의 차이이지만, 근원인 바다의 법으로 볼 때에는 전혀 다른 것이 아니다.

아는 이는 번뇌일 때 열반을 보고, 중생일 때 붓다를 보지만, 모르는 이는 언제나 번뇌는 번뇌이고 열반은 열반이며 중생은 중생이고 붓다는 붓다로 본다.

이것이 꼭 잘못은 아니다.
다만 업으로 보는 까닭에….

무슨 말이냐 하면 업의 안경이 씌워져 있으면 그 업의 색대로 볼 뿐이라는 것이다. 눈의 잘못도 아니요, 마음의 잘못도 아니지만, 다만 업이 들러붙어 그렇게 보이는 것이다.

이 업의 안경을 뜻대로 벗기도 하고 쓰기도 하는 이를 보살이라 하고,

안경을 쓴 것조차 모르는 이를 축생이라 하며,

안경을 쓴 것은 알지만 벗으려고 하지 않는 것을 인간이라 하고,

안경을 벗으려고 하지만 벗어지지 않는 것을 지옥중생이라 하고,

안경에 안경을 덧쓰는 것을 아수라라 하며,

안경을 쓰고 안에서 다시 눈을 감는 것을 아귀라 하고,

안경을 벗어 도로 바꿔 쓰는 것을 천상이라 한다.

그대는 어디에 속하는가?

몸으로 때우기 전에 이를 알아 다만 예방하라.

이것은 먼저 마음의 일이다.

片想 104__
몸이 가렵다고

세상에서 가장 순진하고 빠른 물건이 있다면 그것은 몸일 것이다.

마음의 움직임을 번개같이 알아차리고 진돗개같이 움직이는 것을 보면 더 이상 순진한 것을 찾아보긴 힘들 것이다.

때로는 눈꺼풀 깜빡이는 것 같은 순간적인 것에서부터 푹 퍼질러 잠을 자는 것에 이르기까지 이렇게 순진하기 짝이 없는 물건이 또 있을까?

머리가 가려우면 머리에, 아랫도리가 가려우면 아랫도리에 마음먹기만 하고 따로 시키지 않아도 즉각적이고 의무적인 반응을 하루종일…, 평생 해대다 자기가 늙어 죽는 줄도 모르는 몸, 이 몸.

이런 충성스런 신하가 있어서일까? 사람들마다 다 제가 왕인 줄 아는 것이…. 여기에다 만일 남의 몸까지 부리게 된다면(그것이 권력관계든 계약관계든 족벌관계든 애정관계든), 가히 그 착오를 시정하기 쉽지 않을 것이다.

도대체 이 몸은 무슨 사연으로 그리 된 것일까?

알다가도 모를 일이다.

애매한 놈 잡지 마라

몸이란 놈이 억울한 누명을 뒤집어쓰고 있는 것을 바로잡긴 했는데, 이번에는 '생각'이란 놈이 포도청에 끌려와 애매하게 물고를 당한다. 쯧쯧, 변호를 아니 할 수가 없는 노릇….

생각은 아무 잘못이 없다.
생각을 쫓아간 '그놈'에게 잘못이 있다.

'매실을 생각하니 입에 침이 새록새록 고였다'를 살펴보자.
매실은 실제로 눈앞에 있는 것이 아니다. 다만 생각하여 낸 것이다. 매실은 아무 잘못이 있을 리 없다. '생각'이란 뜬구름이나 아지랑이 같은 것이어서 언제 어떻게 뛰쳐나올지 아무도 모른다. 문득 나타났다가 문득 사라지곤 하는 것이다. 그 대상에 한정이 없다. 사물일 수도 있고, 기억일 수도 있고, 그리움일 수도 있다. 그러므로 '생각'은 아무런 잘못이 없다.

입은 가담조차 한 것이 없다. 낙숫물을 받아내는 세숫대야 같은 것이 무슨 잘못이 있겠는가? '침'은 구름이 생겨나서 내리는 빗물, 아지랑이가 뭉쳐서 생긴 이슬 같은 것이다. 이것에도 역시 아무 잘못이 없다. 그렇다면 보라! '매실을 생각하여 입에 침이 새록새록 고였다'에는 아무런 잘못이 없지 않은가? 어디에 무슨 잘못이 있는 것일까?

잘못은 바로 '매실을 생각하니 입에 침이 새록새록 고였다'는 것을 쫓아간 '그놈'에게 있다. 이 '그놈'이 '매실'을 '생각'하고 '입'에 '침'을 '고이게' 하고 그것도 모자라서 없는 매실을 사방으로 찾아 헤매게 하는 주범인 것이다. 생각으로 번민하며 생각으로 망가지는 그대여, 생각은 아무 잘못이 없다.

그것은 이리 툭 저리 툭 뛰쳐나와서 저리 툭 이리 툭 사라지는 허깨비 같은 것이다. 생각을 쥐어짜며 고문하지 마라. 그대의 잘못이 아니다. 다만, 그 생각을 마땅하게 신앙하고 쫓아가 받들어 모시는 그대에게 잘못이 있는 것이다. '나는 왜 이렇게 그 생각을 떠나지 못하는가!' 하고 자책하며 괴로워할 필요가 없다. 아무나 다 그런 저런 생각은 나게 마련이다. 세상의 잡초를 다 없애려고 지구를 한 바퀴 돈다면 그 얼마나 어리석은 일인가? 없애지도 못할 뿐더러, 이것을 없애고 나면 금방 등뒤에서 저것이 새로 생겨나고 마는 것이다.

마찬가지로 그대에게서 괴로운 생각을 다 없애려고 하는 것도 어리석지만, 무엇보다도 '괴로운 생각'이란 본래 없다. 다만 생각을 쫓아간 것이 그만 괴로워지고만 것이다. 혼동하지 말기를….

(생각 자체에는 괴롭고 즐겁고가 붙지 않는다. 쫓아가는 그놈에게 괴롭고

즐겁고가 붙는 것이지…)

생각은 아무 잘못이 없다.
생각을 쫓아간 '그놈'에게 커다란 잘못이 있다.

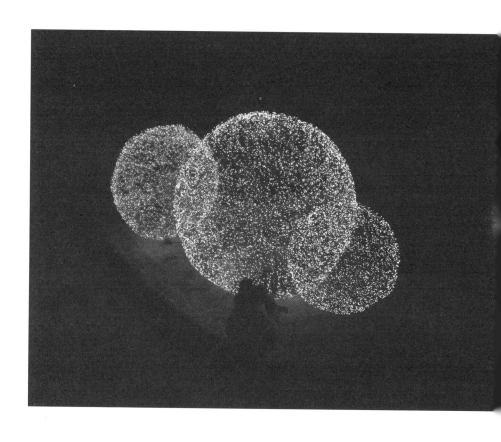

좌표

물컹물컹 집히는 게 있어서 쓰윽 손을 집어넣고 잡아보니, 어마나 내 심장.

벌렁벌렁 손 안에서 팽창하는 것을 꼬옥 힘주어 눌러봤더니, 어마나 손 틈으로 스르르 맥동이 세어나가는 거. 속닥속닥 가만히 눈알을 굴려봤더니, 어마나 세어나간 맥동이 나풀대며 맹세하는 거. 그러던가 말던가 풀썩 침대에 드러누워 가슴을 아래에 대고 고개를 옆으로 뉘어 쉬고 있더니, 바로 이곳! '나'라는 이것.

아, 나는 '나'라는 이 도깨비에 얼마나 속아왔던가! 그렇게 일일이 가슴에 손을 집어넣고 만들어진 수없는 맹세와, 정절과, 순결이 함장된 속마음들이 이 '나'라는 험상궂은 도깨비에 헌납한 공물들을 생각하면…. 억울하여, 너무 억울하여 순간 부아가 확 치밀었다. 그만한 도끼가 있다면 단번에 찍어 내버렸으련만…. '나'만 한 도끼가 있다면….

있는 그곳을 잘 보라.
그곳이 바로 좌표이다.

이 좌표가 보여야 비로소 무아無我가 보인다. 무아를 보지 못하면 그대는 뛰고 날아봤자 벼룩이요 올빼미에 불과하다.

남자이면 숫벼룩.

여자이면 암벼룩.

片想 107__

'나' 기침, 뚝!

'나'란 도깨비에

'나'란 허깨비에

'나'란 귀신에 속지 마라.

'나, 누구누구는' 전혀 아니올시다.

그 속에 들어앉아서 낼름낼름 잡아먹는 그 놈은 '나'가 아니다.

속아서 눈물 흘리는 일 없도록….

강물 위에서 본 그 달은 저 달이 아니건만,

어떤 사람은 그 달 속에 뛰어들어 빠져 죽었다고 하더구만….

높이만 떠있던 달이 마침내 감응하사 강림하셨다고 하면서….

'나'가 서 있는 곳엔 항상 이렇게 하늘과 강물에 달이 떠 있게 된다.

큰스님이고 작은 스님이고 공보살이고 색보살이고 '나'가 있으면 이것을 피할 수 없어 항상 가르치기를 '달'을 가리킨다.

그대는 어떻게 할 것인가?

몸과 습^習

몸이 아니 가는 것이 문제가 아니라, 마음이 아니 가야 하는 것이다.
수레가 아니 가는 것이 아니라, 소가 아니 가는 것이기 때문이다.
몸이 머무는 것이 문제가 아니라, 마음이 머물러야 하는 것이다.
수레가 가는 것이 아니라 소가 가는 것이기 때문이다.

부처님 재세시在世時, 수행승단에 어떤 제자〔비구〕 하나가 밤낮으로 치성하게 솟아오르는 성욕을 어찌하지 못하여 출가수행승으로서 몹시 부끄럽고 마땅하지 못하다고 자책하다가 어느 날은 드디어 용맹심으로 작심하여 자기의 거시기를 잘라버리려고 작두를 들고 숲으로 들어갔다.

부처님이 이 비구의 일을 홀로 아시고 가만히 그 비구의 뒤를 앉아있는 채로 눈으로 쫓다가 그 비구가 막 자기 거시기를 꺼내어 작두로 자르려고 할 때에 홀연히 몸을 나타내어 그 비구 앞에 섰다. 깜짝 놀란 비구는 느닷없이 나타나신 스승님의 안목에 새파랗게 질리어 털썩 무릎을 꿇고 말았다.

"비구여, 네가 지금 무엇을 하려는 것이냐?"

"붓다이시여, 저는 부처님의 가계家系에 들어 출세간의 법을 구하고자 하여 출가사문이 되었는데, 부끄럽게도 밤낮으로 치성하게 솟구치는 성욕을 어찌하지 못하여 혼자 은밀히 끙끙대다가 그 일이 저의 이 물건 때문에 일어나는 것 같아서 지금 이 물건을 잘라버리려고 하는 중입니다."

"비구여, 그대는 수레가 아니 간다고 소를 놔두고 수레를 채찍질하겠는가?"

"아닙니다 부처님, 수레가 아니 간다면 소를 채찍질하여야 합니다."

"그렇다면 비구여, 이번엔 수레가 마구 달린다고 소는 놔두고 수레를 잡아당기겠는가?"

"아닙니다 부처님, 수레가 마구 달린다면 소의 고삐를 제어하여 수레를 멈추게 하여야 합니다."

"비구여, 그대가 지금 성욕을 제어하기 위하여 물건을 자르려고 하는 것은 소는 놔두고 수레를 채찍질하는 것과 같고 또한 소는 놔두고 수레를 잡아당기려는 것과 같다. 그대의 물건은 수레이며 그대의 마음은 소이거늘 어찌하여 소는 놔두고 수레만 핍박하는가? 그대가 비록 장한 마음을 품어 출가사문의 길을 간다고 하여 집을 떠나 이 빈 숲속에 들어와 살고 있지만, 아직 마음을 깨닫지 못하여 성욕을 여의지 못하고 있는 것은 스스로 알고 있고 또한 나도 알고 있다. 이것은 그대 한 사람에게만 있는 일이 아니다. 그러나 그대 한 사람만 하고 있는 일이 있으니 그것은 바로 다른 비구들은 다 소의 고삐를 당기던가 소를 채찍질하고 있는 반면에 그대만은 소는 놔두고 수레를 핍박하려 하고 있구나. 비록 그렇게 하여 물건은 끊었다 하더라도 마음이 남아 있는 한 도리어 불구의 몸을 만들게 될 뿐이다."

   버리려 하지 마라.
   몰록 깨닫느니만 못하다.
   버려서 얻어질 것은 없다.

   더러운 것을 버려 깨끗한 것을 취하려 하는 것은 이 마음을 버려 다시 저 마음을 얻으려 하는 것인데, 도대체 '이 마음'을 버리고서야 어찌 '저 마음'을 얻을 수 있겠는가? 소가 가지 아니 한다고 소를 죽여버리면 '수레의 감'은 얻을 수 없을 것이다.

   그대들이 하는 '이 습習을 고쳐서 저 습習을 얻는다'고 하는 것, 또는 '이것을 버려서 저것을 얻는다'고 하는 것들은 소를 죽여서 '수레의 감'을 얻고자 하는 것이니, 이는 마치 기왓장을 갈아 거울을 만들려는 수고인 것이다. 유위법의 대표적인 케이스이다.

   '강철을 갈아서 바늘을 만든다'는 것하고 다른 것이다. 강철을 갈아서 바늘을 만든다는 것은 마음을 다스려 마음을 쓸모 있게 만든다는 것이므로 일리가 있는 말이다. 하지만 강철을 두드려서 물을 얻는다고 한다면 문제가 다르다. 몸을 디딜방아처럼 굴려 깨달음을 이룬다는 것은 아무리 봐도 강철을 단련하여 물을 얻겠다는 의지로밖에 보이지 않는다.

   습習으로 말할 것 같으면, 억만겁의 습을 일일이 다 캐어내어야 하는 것인데, 이는 이 지구의 땅의 두께보다 조금도 덜한 것이 아니다. 그대의 금생의 한 몸을 머리카락처럼 얇게 썰어서 말리는 고초를 수행한다 하여도 될 일이 아니다. 하물며 그까짓 108배와 3천배와 십만송과 새벽독경과 다라니로 될 일이겠는가? 금생의 한 몸으로는 어림없으니까 내생·삼생·백생·천생·만생을 그리하겠다는 각오인가? 그런 것이 유효했다면, 부처님이 그렇게 하셨을 것이고, 그렇게 가르쳤을 것이고, 그렇게 사셨을 것이지만, 나는 아직 일천하여 경전에 그런 기록을 본 적이 없다. 습은 깨닫는 것이지 닦는 것이 아니다. 거꾸로 말하자면, 도인들이 흔히 말씀하시기를, '깨닫고 보니 습이었다'는 것을 그대는 '습을 닦아 깨닫는다'고 알고 있는 것이다. 뒤바뀐 생각(전도망상)이다.

불자여,

마음 하나 바로 일으키어 심지를 돋우고 불을 켜면 억겁의 무명이 몰록 환해지는 것이다. 굳이 금생·십생·백생·천생·만생을 습 하나 가지고 씨름하지 않아도 되는 것이다. 만일 부처님이 우리 중생들의 습을 나무라셨던 것이면, 우리는 절망이다. 습을 상관하지 않고 마음을 상관하셨던 이 도리를 우리가 의지하기에 '믿음'이라고 하는 것이 아니던가?

너무 자신을 '습의 노예'라고 비하시키지 마라. 외도들의 견해이다.
'버러지 같은 이 몸을 구원해 주신 우리 하나님 아버지' 하는….

불법에 들어오면 그 자체가 이미 업습을 상관하지 않는 용맹심이 생긴다. 부처님은 산자락에서 굴러 떨어지는 바위조각에 다쳐 발가락에서 피

가 나도 부처님의 위용을 근심하지 않으셨고, 말이나 먹는 거친 겨를 3개
월 동안 죽으로 끓여 잡수셨어도 부처님의 금색신을 잃지 않으셨다.

습을 상관하지 말고 마음을 상관하라.

'유마와 수자타의 대화'
시리즈를 간행하며

1

   이 시대의 선남자 유마거사와 선여인 수자타의 대화록인 '유마와 수자타의 대화' 시리즈는, 어여쁜 '수자타'의 상큼하고 진지한 물음과, 깊은 혜안을 가진 '유마'의 명료한 답변을 통해, 언어가 표현하는 한계를 뛰어넘어서 통찰의 근원에 이르게 하는 지혜의 책들입니다.

   흐르는 물같이 막힘 없는 답변과 적절한 비유를 통한 예리한 논법은 마치 『중론』과 『밀린다왕문경』을 연상케 하고, 처음부터 끝까지 무한한 감동으로 이어져 읽는 이로 하여금 일대사인연—大事因緣의 자리가 되게 합니다.

   이 글에 등장하는 '유마'는 대승경전인 『유마경』을 설한 분이시고, '수자타'는 고행자 싯다르타 보살에게 우유를 공양한 여인으로, 불교 역사에서 상당히 중요한 역할을 한 주인공들입니다. 실제 인물인 유마[故김일수님)와 수자타[한때 천주교인이었는데 불교에 귀의하여 유마께서 수자타란 이름을 지어 주었음]와의 대화체로 된 이 글들은, 개신교회의 장로이셨던 유마의 아버님과, 그 아들인 유마와의 대화에서 오고갔던 내용들을 정리하여 인터넷(cafe. daumnet)에 올렸던 것입니다.

2

이 글이 처음 등장한 곳은 어느 종교 사이트의 토론방이었습니다. 처음 1~4편이 올려지는 동안, 문체의 유연함과 논리의 정밀함에 놀란 여러 종교의 논객들이 제대로 반론을 제기하지 못하고, 마냥 우두커니 바라보기만 했었지요. 그렇게 되자, 그분[유마]은 혹시 다른 종교에 누를 끼칠까 저어하여 그곳에 더 이상 글을 올리지 않고 독립된 까페를 만들어 글을 올렸습니다.

그렇게 올려진 글이 나중에는 무려 800쪽이나 되었습니다. 이렇게 탄생한 이 글은 그분 자신이 밝혔듯, '누구에게 보여주기 위함'이거나 '스스로를 드러내기 위함'이 아니라, 오직 '자신에게 이야기하기 위함'이었던 것입니다. 그러므로 자기성찰의 길에 나선 사람들에게 이 글은 더없이 좋은 길잡이가 되고 길동무[道伴]가 될 것입니다.

3

이 글을 쓴 김일수[인터넷 id : 유마] 님은 제주도 서귀포의 한 조그마한 시골마을에서 태어났습니다. 시와 음악은 물론 철학에도 남다른 재능을 타고났었지요. 하지만, 그분은 3대째 개신교 집안의 장남답게, 청소년기에는 1주일 동안 방문을 걸어 잠그고 기도를 했을 정도로 예수와 성경만을 생각한 골수〔정통〕개신교인이었습니다. 그 무렵 그분의 눈에 비쳤던 불교는 단지 우상을 숭배하는 하나의 집단일 뿐이었습니다.

그러던 어느 날 우연히 친구를 따라 절〔중문 광명사〕에 갔다가, 그 절의 서가에 꽂혀 있는 『대승기신론』 역본譯本을 읽게 되었는데, 그만 큰 충격을 받고 말았습니다. 무당의 큰집쯤으로 여겼던 불교의 책에서, 성경을 몇 번이나 읽어도 풀리지 않던 의문의 답이 있었으니까요. 눈을 떼지 않고 세 번이나 반복하여 읽었을 정도로 그 충격은 엄청났던 것입니다. 그랬으니 그 뒤에 그분이 겪어야 할 갈등 또한 만만찮았음을 짐작할 수 있을 것입니다. 이 글 곳곳에 그분의 처절했던 갈등이 묻어나고 있습니다. 읽는 분은 다 알게 되겠지만, 그 갈등은 단지 그분 개인만의 것이 아닌, 이 시대 이 땅에서 살아가는 우리 모두의 것임을 공감하게 될 것입니다.

4

꽃은 떨어지기 전에 가장 많은 향기를 뿜는다고 했던가요. 그분은 어렸을 때부터 몸이 허약했던 터라, 감기증상으로 병원에 입원한 지 불과 10여 일 만인 2002년 12월 21일 급성백혈병으로 안타깝게도 이승과 인연을 달리했습니다. 그러나 그분의 마음의 향기와 같은 이 글이 남았으니, 이를 어찌 우연의 일이라고만 하겠습니까?

하지만 선문禪門의 선지식들께서 불립문자不立文字를 세우신 것에 맞추어 보면, 그분의 마음을 마주함과 같을 수야 있겠습니까. 이에 아래와 같이 간절히 기원합니다.

"부디, 임께서는 새로운 몸을 입고 속히 사바세계에 오셔서 직접 법을 가르치시기를 삼가 간절히 기원합니다〔速還娑婆 再明大事〕."

5

2,600여 년 전, 저 인도의 '유마거사'와 '수자타'의 인연이 이제 김일수님을 거쳐 우리에게 이르렀듯이, 그렇게 그렇게 인연된 많은 분들의 요청으로 이 책을 다시 간행하게 되었습니다. 마침 유족들을 대표하여 부인, 이성진 씨께서 책 내는 일체의 일을 카페의 안영선 대표에게 맡긴다는 위임장을 써 주셨습니다.

때에, '도서출판 도피안사'를 설립하여 뜻 깊은 '광덕스님시봉일기' 시리즈를 펴내고 있는 송암스님께서, 어느 날 조계사 앞에서 일을 보고 있는데 평소 알고 지내던 선객禪客인 보문스님을 우연히 만났고, 보문스님은 선배인 송암스님을 보자마자 이 책에 대해서 설명하며, 꼭 이 책을 송암스님이 다시 출판해야 한다고 간곡히 부탁하더랍니다. 어찌나 간곡히 청하던지, 송암스님은 그의 청에 못 이겨 "그러면 책이나 어디 한 번 봅시다"라고 답했고, 보문스님은 송광사 선방으로 돌아가던 길로 바로 복사본을 보내왔더랍니다. 이러한 인연으로 카페 대표인 안영선 님이 안성 도피안사에 가서 송암스님을 만나 뵙고 책 간행에 대한 절차를 마쳤습니다.

이처럼 우리들과 인연을 맺게 된 송암스님께서는, 마치 고인과 이승에서 미처 다하지 못한 무슨 인연이 있는 사람처럼 밤낮을 가리지 않고 이 원고에 매달렸습니다. 그 결과 예상치 못한 전혀 새로운 모습의 시리즈로 엮었고(編), 문장이나 자구字句, 불교교학에 이르기까지 세밀하게 살펴(鑑) 주셨습니다. 비용과 노력의 부담, 시간을 아끼지 않고 총 4권의 시리즈로 엮어 주셨습니다. 또한 송암스님과 함께 도피안사에서 수행하시는 김재영 교수님께서는 원고를 낱낱이 읽고 지도해 주셨습니다.

6

이 모두 하나의 불사인연으로 움직이고 있었던 것입니다. 누구도 막지 못할 시절인연으로 성숙한 것입니다. 그러나 저희들이 원고를 간추려 엮으면서 배움이 일천하고 불법에 대해서는 더욱이 눈먼 이와 다름없는지라, 본래의 의미를 조금이라도 해치지 않았는지 적이 걱정이 앞섭니다. 아무쪼록 다소 부족과 무리가 있어도 염치불고하고 독자 여러분들의 혜량하심을 간구합니다. 다만 유마님이 계시지 않는 이 세상에서 조금이라도 유마님을 느낄 수 있는 계기를 마련한 것으로 지인의 직분을 다한다고 자위하려 합니다.

끝으로 이 책이 나오게 되기까지 출판을 허락해 주신 유가족들과 음양으로 도와주신 회원을 비롯한 모든 분들, 말할 수 없는 노고를 감내하신

송암스님과 김재영 교수님, 사진을 대가 없이 흔쾌히 제공해 주신 두레생
태기행의 김재일 회장님, 출판사의 관계자 여러분들께 깊은 감사의 말씀
을 올립니다. 감사합니다.

나무마하반야바라밀다

2008년 3월

카페의 엮은이들 합장